发 现 语 言 的 魔 力 ， 展 现 舌 尖 的 智 慧

别输在 不会说话上

邓涵兮/编著

第2版

中国纺织出版社

内 容 提 要

沟通能力和表达技巧是年轻人闯荡社会的重要技能，能说会道的年轻人，总能在竞争中脱颖而出。

本书是一部实用的口才技能提升宝典，将教会你如何顺畅地与陌生人展开交流，如何在不同的场合与不同的人交谈，如何在短时间内发现对方的兴趣，如何表达更能打动人心等。书中有针对性地分析了如何讲赞美激励的话、批评说服的话、委婉拒绝的话、理解宽容的话以及幽默激将的话的妙技和高招。在你阅读本书之后，你会发现说话的魔力超乎你的想象，书中许多实用性强的技巧会让你在与人沟通时口若悬河、应对自如，让自己不输在说话上。

图书在版编目（CIP）数据

别输在不会说话上 / 邓涵兮编著. -- 2版. -- 北京：中国纺织出版社，2018.1（2019.1重印）
ISBN 978-7-5180-3146-7

Ⅰ.①别… Ⅱ.①邓… Ⅲ.①语言艺术—通俗读物
Ⅳ.①H019-49

中国版本图书馆CIP数据核字（2016）第308363号

责任编辑：闫　星　　　　　　　　　责任印制：储志伟

中国纺织出版社出版发行
地址：北京市朝阳区百子湾东里A407号楼　邮政编码：100124
销售电话：010－87155894　传真：010－87155801
http：//www.c-textilep.com
E-mail：faxing@c-textilep.com
官方微博http：//weibo.com/2119887771
北京通天印刷有限责任公司印刷　各地新华书店经销
2014年10月第1版　2018年1月第2版　2019年1月第6次印刷
开本：710×1000　1/16　印张：15
字数：250千字　定价：39.80元

2版 前言

我们都知道，人与人之间沟通的主要媒介就是语言，会不会说话真的太重要了。刘勰曾经在《文心雕龙》中感叹道："一言之辩重于九鼎之宝，三寸之舌强于百万之师。"在西方，有位哲人也说过："世间有一种成就可以使人很快完成伟业，并获得世人的认识，那就是口才。"这都强调了口才的重要性。当今社会，口才更是我们任何一个人必须要掌握的一项基本的生存技能，是决定一个人做事成败的关键因素。

在生活中，是不是有这样的人：他们看起来并不出众，但就是走到哪里都受到别人的欢迎，成功也比别人来得更快！这是因为他们懂得说话，事实上，任何一个成功者，他们成功的秘密都离不开说话的技巧，他们总是能说出让别人感到愉快的话。并且，这些能说会道的人也总具备一种魔力，他们总是能用语言引导他人，让别人跟着他的思维走，为他所用。

的确，口才好、会说话的人总是能左右逢源，他们能得到那些素不相识的人的支持，能带动交际场合的说话氛围，能消除与他人之间的误会，能说服他人，达到自己的目的。

会说话更是一种立足社会的能力，卓越的口才是增加自身魅力的砝码，更是让你在生活中、在职场中御风而行的有力武器。好的口才可以改变一个人的命运，可以帮助你成就一番事业。

一个人说话水平的高低，已成为其生活及事业取得成功的重要因素。口才好的人具有较强的人际交往能力，能办成一般人办不成的事，从而在社会竞争和实际生活中处于主动地位。

因此，我们必须从现在起，就在生活和工作中有意识地提升自己的说

话水平，因为任何人都不是天生的语言学家，都不可能生来就掌握说话技巧。事实上，任何人，只要做到不断学习和提高，都能轻松驾驭语言，轻松地与人交流。

也许你也曾希望找到一个语言导师来帮助自己提高说话水平。但寻找的过程是艰难的，这里，我们推荐一本枕边书——《别输在不会说话上》。

通过本书，我们能认识到说话能力在当今社会中的重要性，也能欣赏到古今中外口才经验与智慧的总结，本书从生活中的各个场景出发，给出了具体的训练方法，从而教会我们如何提高自己的说话能力，相信会对广大读者有所帮助。

本书在再版的过程中，对部分文字进行了调整，加强了分析，从而更好地指导读者进行口才修炼，提升语言表达能力。

编著者

2016年5月

目 录

第一章

说得就要好听，会说话才能闯天下

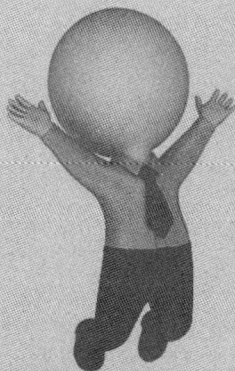

一句话能成事，一句话也能坏事

2010年春节联欢晚会上，郭冬临的小品《一句话的事》成为当年流行语大王，其中"一句话能成事，一句话也能坏事"一语迅速在网络和生活中蹿红，可见，人们对于说话的内容以及说话的方式是极为在意的。然而，从某种程度上来讲，有时候说话的方式比说话的内容更为重要。同样的内容，以不同的方式表达出来，造成的后果往往截然不同。

古人常说："一言可以兴邦，一言可以丧国。"说的也正是这个道理。有的人凭借三寸不烂之舌升官发财，有人却因为言语不慎招来杀身之祸，这样的事例，自古以来比比皆是。我们且来看一看明朝开国皇帝朱元璋的一则小故事。

朱元璋出身贫寒，小时候为了谋生，放过羊、做过和尚。但他是个极为爱面子的人，当了皇帝后，对自己这段"不光彩"的经历极力掩盖，并将自己标榜成皇室之后、真命天子。

一天，一位儿时的伙伴到京求见朱元璋，朱元璋很想念旧时的朋友，于是立即召他觐见。那人一到大殿，立即跪行大礼，口中高呼万岁，说："我主是否还记得当年咱们的英雄事迹？陛下亲征，微臣随驾扫荡庐州府，大破罐州城，汤元帅狼狈逃窜，陛下神武，拿住豆将军。红孩子挡道，多亏菜将军解危难！"

当时殿上的大臣不知他所说为何，只有朱元璋心领神会，明白他讲的是当年大家一起放牛时的情景，只不过那人说得含蓄动听，令朱元璋龙颜大悦。加上回忆起当年大家饥寒交迫、同甘共苦的日子，朱元璋不由得动了真情，当即下令，重重封赏此人。

消息传出后，当年另一位一起放牛的伙伴也找到京城，求见朱元璋。

那人一到金銮殿，生怕朱元璋记不得自己，便高声提及往事："皇上，您还记得当年我们一起放牛时的情景吗？有一次我们在芦苇荡里玩耍，偷了人家的豆子放在瓦罐里煮了吃。由于肚子太饿，还没熟，大家就争抢起来，一不小心打破了瓦罐，汤洒了一地。还是万岁您机灵，马上趴在地上，抓起豆子往嘴里塞。结果不小心将地上的红草根卡在了喉咙里，最后还是我急中生智，叫您和着一把青菜吞下，才将那红草根带进肚里。"

此言一出，金銮殿上的大臣们面面相觑，而朱元璋则早已脸色铁青。那人正得意洋洋地环顾四周，等待朱元璋对自己的救命之恩重重奖赏。却不料只听得皇帝一声大喝："哪里来的疯子？在这里胡言乱语！赶快拖出去砍了！"可怜那人还在做着发财的美梦，却稀里糊涂丢了脑袋。

同是旧时好友，一个升官发财，一个却丢了性命，迥然不同的命运实在令人唏嘘。其实两人所说的不过是同一件事，只是因为方式不同，结果却天差地别。难怪有人说：愚蠢的人用嘴说话，聪明的人用心说话，而智慧的人则用思想说话。

其实，说话不仅仅是一种方式，也是一门学问，更是一门艺术。说话方式的不同直接影响着你是否受到别人的欢迎，是否能够实现说话的目的，甚至直接影响着你事业与人生的成败。现代人将"口才、金钱与电脑"称为成功的三大法宝，而"口才"位居第一，可见其重要性非同一般。的确，良好的口才与交际能力是现代人驾驭人生、改善生活、追求成功的无价之宝。拥有好口才不一定就能成功，但拥有好口才一定可以增加你成功的概率，这是无可置疑的，因为好口才可以打动人心，而打动人心则是你成功的开端。

因此，说话要注意方式，更要讲究技巧，只有这样，才能成功地开启对方的心门。开口之前，先用脑子想一想，用心琢磨一下，要考虑他人的心情与感受。只有这样，才能在人与人之间架起沟通的桥梁，营造和谐的气氛，打造良好的人际关系。

好容貌吃一时，好口才用一世

出色的容貌是一个人先天性具有的竞争力，漂亮的面孔比一封介绍信还要具有推荐力。能够拥有一张精致的面孔无疑是幸运的，但万万不能把这上天的恩赐当成有恃无恐的资本，毕竟，随着岁月的推移，漂亮的外壳最终将会被上帝收回，洗尽铅华之后，依靠脸蛋吃饭的人将会一无所有。

长得漂亮的人可能会在最初的竞争和交际场合脱颖而出，但是如果不重视后天的学习，素养较差，语言粗俗，胸无点墨，在她成为短暂的交际中心之后，就会因为语言缺乏魅力而遭到众人的抛弃。在交际场合，我们经常可以看到，有些相貌平平的人，却依靠着她妙语连珠的口才，高贵典雅的气质博得众人的喝彩，从而增添了人格魅力。

有一位年过花甲的老太太去参加一个聚会。她精心地对自己进行了一番打扮，头发纹丝不乱，项链耳环都是经过了仔细的挑选之后才戴上的，就连指甲上也仔细地涂上淡淡的颜色。但是因为年纪太大的原因吧，满脸的皱纹和打颤的左手无法掩饰。

有一位年轻漂亮的女士对这位老太太有些轻视，向同伴们低声笑道："看这位老太太的脸像核桃皮似的，还要打扮成这样，岂不成了老妖精了么？"她的伙伴们听到之后，肆无忌惮地在客厅之中大声地笑了起来。这位漂亮女士的评价固然是没有错的，却让当事人听了感到不舒服。

老太太微笑着走了过来，尽管她的表情比较慈祥和善，但是张开涂着口红的嘴巴的样子实在是有点丑陋。她对这位年轻的女士说："漂亮的女士，实在是没办法，我已经患帕金森综合症两年了，无论怎么打扮都不能掩饰现在的苍老和丑陋。"

漂亮的女士一时间愣住了，不知道说什么好。她的心里在为刚才的失言而懊悔。

老太太又说道："其实我知道我的装扮显得很突兀，但是我又不想待慢和我见面的人。在我很小的时候我的母亲就教育我说要用合适的装扮表示对别人的尊重，这些年来我一直不敢忘记这条原则，因此也得到了朋友们的认可。"

漂亮女士愕然了，脸上有些发烧，对这位老太太也肃然起敬，向她表示诚恳的道歉。两个人开始了友好的交谈，在聚会结束的时候，两个人像相识多年的老朋友一样握手告别，依依不舍。

每一个人都希望得到谈吐优雅的评价，而不愿意让人嘲笑为花瓶，我们从中应该能看出口才和外貌的轻重关系。有着好口才的人，就会产生吸引人心、无法抗拒的力量，这种力量却并不是漂亮的外表所能具有的。在生活中，我们对于漂亮的女人只是短暂的赏心悦目，而善于言谈的人却能被深深地铭记于心。漂亮的容貌只是外表，引起的不过是感性兴奋，而口才则是来源于内心，内在的东西才会更能打动人们的灵魂。

法国著名的女作家莫洛亚曾经说过："漂亮的人怀疑自己的智慧，聪明的人又怀疑自己的魅力。"我们可以这样理解"漂亮的人重视美丽的外表，聪明的人重视内在的魅力"，漂亮的外表最终会随着时间的流逝而消失，而通过精妙的语言所体现的内在魅力却犹如陈年老酒，散发出浓郁的香味。

口才，是一个人的修养、性格、气质的综合体现，它的来源不是上帝的垂青，而是个人的努力，通过个人的努力所追求到的东西就会融入血液中，伴随自己一生，是不会轻易失去的。一个人没有漂亮的外表并不可怕，可怕的是没有说话的技巧。如果你能适当地使用优雅的语言表达思想，展现出自己独特的个性，哪怕是貌不惊人，也能为自己增添光彩，吸引他人的目光，成为交际场合的中心点。

与人交往，该开口时就开口

现实生活中，常常听到有人感叹"处世难"，其实原因无他，不过在于他们不知如何巧妙地将口才智慧、社交技巧与处世谋略结合起来。害怕说错话，害怕被误解，害怕被拒绝，因此便三缄其口、沉默不语。殊不知口才不仅仅是一种智慧、一种能力，更是一种生活的态度。当今社会，

一个人若想获得成功，不可避免要与人打交道，要融入社会，要学会竞争与合作，而好的口才则是为你的成功保驾护航的重要法宝之一。可以毫不夸张地说，语言交流贯穿我们一切生活与工作的过程，一个不善于沟通，不愿意和他人交流的人是很难成就自己的人生的；相反，一个勇敢无畏、敢于开口，敢于与人沟通的人则往往能获得人们的认同，因此也更容易获得成功。

台湾保险业的"大姐大"、国泰人寿保险公司的高级顾问与精神标杆庄秀凤女士就是这样一个敢说敢做、该开口时就开口的自信女人，而正是因为她的主动与自信，她的事业才有了今天的辉煌。

庄秀凤原本只是一个内勤会计，因为要替父还债，所以才投身保险行业。她有一句名言："只要是人不是鬼，都可以成为增员对象。"她利用一切机会为公司增员，真正实现了"人生何处不增员"的目标。

有一次，庄秀凤得知老人慈善基金会需要义工，就赶紧主动报了名。有人笑她，基金会的老人大多都七八十岁，最小的也五六十岁了，怎么可能成为增员的对象。但是庄秀凤却毫不在意地说："有人的地方就有机会。"

果然，当得知基金会的理事长杨妈妈有一个女儿没有工作时，庄秀凤感觉机会来了。于是她马上追问："那她现在做什么呢？"

杨妈妈回答："她硕士毕业后，就嫁给了医院的院长，现在做少奶奶。"

有人一听这话，或许便立刻打了退堂鼓："请院长夫人做保险，这不是异想天开吗？"然而庄秀凤却并不这么想。她转而做起了杨妈妈的工作："您想让您的女儿出来工作吗？"

杨妈妈有些为难地说："我一直觉得她大学毕业，却没有发挥所长，很可惜。只是……她很难被说服哦。"

"没关系，只要您能介绍我和她认识就可以了。"庄秀凤自信地说。

且不论庄秀凤是如何凭借高超的技巧说服了院长夫人，使她成为保险业的一员，单就庄秀凤这份敢于开口的自信与勇敢，便值得众人敬佩与学习。开口或许会遭到拒绝，但最多只是遭遇一时的尴尬而已，但不开口则永远不可能获得成功的机会。

现实生活中，胆小怯懦、不敢与人沟通交流的人比比皆是。谨言慎行固然可以明哲保身，但孤僻、胆怯、很少与人沟通的做法则是不可取的。机会常常在你的缄默中悄悄溜走，与其羡慕他人的成功，不如勇敢地开口、主动去争取机会。一个好的工作岗位、一个钦慕已久的好姑娘、好小伙，都需要鼓起勇气主动地去追求、去索取。不要害怕失败，没有尝试过，你怎么能知道等待你的是什么样的命运呢？

究其深层次的原因，不敢开口、害怕与人交流的人往往是因为缺乏自信。有的人或许表面上看起来清高，但实际上却有着深深的消极的自我概念：他们认为在别人的眼里，自己是不可爱的、不受欢迎的，因此他们就会否定自己，进而在行为上表现得让人难以接近。假如你是这类人，就一定要鼓足勇气，鼓励自己，利用一切机会去与别人沟通、交流。渐渐地，你会发现，其实自己并不像你所想象的那么糟糕。随着越来越多的人喜欢你，你也会越来越自信。而这份自信，就是你战胜自我、创建良好人际关系的法宝。

三言两语与他人一见如故

在生活中有这样一些人：他们无论走到哪里，不管对方是什么样的年龄、职业、性格，都能与对方一见如故，很快打成一片。这样的人，无疑是受人欢迎的，也是令人羡慕的，因为他们有一种特殊的本领——"自来熟"。

其实，无论是朋友也好，同事也好，邻居也好，都是从陌生人转变而来的。在如今这个瞬息万变的社会，与陌生人打交道已成为不可避免之事。所谓陌生人，不过都是只要通过某些方式就可以结识和相知的人。只要足够勇敢、真诚，再加上一些必要的技巧，就一定能使你在与陌生人的交往中应对自如。

敢于同陌生人打交道是人际交往的第一步，也是社会生存所必需的

能力之一。俗话说：一回生，二回熟。陌生人之间蕴藏着丰富的人脉关系资源，只要拥有开放的胸怀、自信的力量，就一定能够拓展、编织自己的人脉。

真诚是与陌生人交往的基石。无论你多么的巧舌如簧，假如缺乏了真诚作为基础，那么再动听的言语、再高超的技巧都是苍白无力的。第一印象至关重要，"好的开始是成功的一半"这句话用在人际交往上也是颠扑不破的真理。假如从一开口，你就能让对方感受到你的真诚与善意，那么他就会更加乐意与你建立亲密、和谐的关系。

当然，除了勇敢和真诚，一些必要的技巧和手段则更能让你成为一个长袖善舞、受人欢迎的人际交往高手。事先了解对方的兴趣爱好，看准说话的时机，随机应变、适时调整，这些都是让你在与陌生人交谈时如鱼得水的方式方法。假如初次的会面就能让对方回味无穷，并期待下一次的交谈，那么你们成为朋友也就为时不远了。

1912年，富兰克林·罗斯福从非洲回到美国，准备参加总统竞选。有一次，他去参加一个宴会。因为他是已故美国总统西奥多·罗斯福的堂弟，又是一位有名的律师，所以很多人都认识他，而他却并不认识对方，因此他明显感觉大家对他都很冷淡。怎么办呢？难道大家就这样冷漠、尴尬地坐下去，直到宴会结束？罗斯福可不打算就这样轻易放弃这个可以使自己获得更多支持的好机会，于是他灵机一动，很快找到了消除隔阂的办法。

罗斯福经过片刻的思索之后，轻声地对坐在旁边的希尔伯特博士说："希尔伯特博士，请您告诉我一些有关那些客人的大致情况，好吗？"博士同意了，于是便将对方的一些基本情况一一讲给罗斯福听。罗斯福仔细地倾听并默记在心，当他心中有底后，就开始和那些客人们闲聊。在这些看似漫无目的的闲聊中，罗斯福对他们的性格、特点、爱好以及事业等又有了更深入的了解，这就能使双方的谈话更进一步。于是谈话进行得很愉快，在不知不觉中，罗斯福便成了他们的新朋友。

罗斯福无疑是深谙陌生人心理并且擅长谈话技巧的人。他能迅速消除双方的陌生感、走入他人的内心世界的法宝便是初步了解对方，抓住对方感兴趣的话题，让对方感受到他的真诚与关心。试问谁会拒绝一个对自己真诚的人，又有谁会将一个关心自己的人拒之门外呢？

除了自己的兄弟姐妹，一切关系都是从零开始的，所有的人也都是从陌生人变为同事、朋友甚至知己的。从另一角度来讲，与陌生人交谈更能锻炼和提高自己的口才与人际沟通艺术。正如其他一切技能一样，与陌生人交往的技能也需要通过反复锻炼才能逐步提高。只要足够勇敢和真诚，并且有意识地运用沟通技巧来建立关系，你的人际交往水平就一定会日渐提高，从而拥有让人人都羡慕的本领——"自来熟"，从而与陌生人一见如故。

开口说得巧，一句重千钧

《墨子·附录》中有这样一则寓言：

墨子的学生问墨子："话说得多好吗？"墨子回答："青蛙从早到晚叫个不停，但是有谁去听呢？而雄鸡一唱天下白，所有人都起身劳作。可见多说话又有什么好处呢？重要的是话要说得恰到好处、切合时机。"

这是古人都明白的道理，然而现代的人却往往记不得，从而做了令人生厌的青蛙。人们常说：做得多，不如做得巧。说话也是如此。有的人自认为口才好，不分场合、时间，只要抓住机会就口若悬河、滔滔不绝，生怕别人不知道他的才能。殊不知话说得再多，假如不能说到点子上，就是废话、无用的话，除了自己徒费口舌，也令听的人生厌，甚至影响人际交往。所以，说话不在于说得多，而在于说得巧。只有说到对方的心坎里，对方才能心悦诚服地接受，而你所说的话也才能达到一句重千钧的效果。

会说话的人知道什么是重点，会根据具体的情形和不同的对象，分清时机和场合，将话说到对方的心坎里；而不会说话的人则只会喋喋不休，却不知有时候话越多则越令人生厌，效果自然也就背道而驰。

把话说到点子上，是一个具有良好口才的人所必须具备的能力之一。

和人交谈时，要充分思考，要认真筛选，过滤出最精辟、最能恰如其分地表情达意的语句，这样，听话的人才不会觉得累赘，才会认真思考话中的深刻内涵，而你所说的话也自然就有了分量。

这样一个事实大家必须谨记：喋喋不休是说话的大忌，说话的质量与数量之间，往往并不成正比。你一旦明白了这个道理，在说话的时候就不会无所顾忌，信口开河了。夫妻之间、朋友之间、同事之间，甚至是陌生人之间，无休止的唠叨都是损害双方关系的致命错误。因此，当你开口时，一定要先想一下，怎样才能用最简洁的语言表达出自己想要表达的意思。假如每次说话都能做到这一点，那么你一定是个口才大师，一个人际交往的高手。

把握心理，成功说服他人

说话是人与人之间交流与沟通的主要方式，无论在生活还是工作中，我们总希望自己有足够好的口才能说服他人，让他人听从自己的建议，遵循自己的意见。然而，说服他人并不是一件简单的事，唯有掌握足够的技巧和方法，才能让自己的语言具有强大的说服力。而这些技巧中，最重要也是最有效的一条便是破解心灵密码，将话说到对方的心坎上，打开对方的心灵大门。只有这样，才能让他人心悦诚服地接受你的观点，心甘情愿地听从你的建议。

因此，掌握一点心理学知识，在人际交往中是十分必要的。它可以帮助你分析对方的性格与心理，帮助你了解人性、体察人心，从而令自己的语言更加具有魅力，同时令自己成为说服他人的"策略高手"。

美国著名的成功学教育家卡耐基曾经讲述过一件他自己亲身经历的事：为了办培训班，卡耐基租用了纽约一家大饭店的礼堂作为教室。然而当一切准备工作几乎都已就绪时，饭店的经理突然通知卡耐基，他必须出之前约定的三倍租金，否则合约就将被取消。后来，经卡耐基多方打听，才知道原来经理为了赚更多的钱，打算将礼堂出租给他人举办一场舞会。

怎么办？假如这时再换地方，肯定来不及；而如果出三倍的租金，卡耐基就将遭受巨大的损失。卡耐基左思右想之后，找到了饭店经理。

下面是卡耐基对饭店经理所说的一番话：

"我知道，作为一个饭店的经理，您的主要任务是尽可能地为饭店谋取更大的利益，所以您想将礼堂租给别人办舞会，因为这样您将获得更高的租金，对于这一点，我深表理解。"卡耐基的话令经理放松了戒备，缓和了情绪。"但是，"卡耐基话锋一转，接着说，"其实从长远来看，吃亏的不是我，而是您。"

看到经理惊讶地张大了嘴巴，卡耐基微微一笑，继续不慌不忙地说："您知道，我租用您的礼堂办培训班，其实是在为您的饭店做免费广告。我知道，对于饭店来说，您当然希望吸引更多的顾客，尤其是具有实力的高级顾客。但是有一点您却忽视了，我所办的这个培训班，正是针对那些有文化的、上层社会的高级管理人员。这些人到您的饭店来参加培训，不就相当于您请他们免费参观吗？这可是千金难求的机会，是您无论花多少广告费也无法达到的效果哦！"

卡耐基的一番话令经理蓦然醒悟。他很快改变了主意，接受了卡耐基的意见，决定继续将礼堂租给他，供他办培训班之用。

卡耐基不愧为说服他人的高手。其高明之处便在于他始终抓住对方的心理，站在对方的立场上看待问题、分析问题，从而圆满地解决了问题。可见，无论多难的问题，只要抓住对方的心理，洞悉对方的内心想法，就一定能够成功地说服他人。

在当今这个处处讲究抢占先机便能出奇制胜的现代社会，若想他人心悦诚服地认同你的观点，最好的办法莫过于巧妙地运用心理学的策略，将整件事情不着痕迹地引向自己想要的方向发展。无论是锦上添花也好，化干戈为玉帛也好，洞悉人性、体察人心，就可以在复杂的人际交往中纵横驰骋，在社交场合中进退自如。

语言与心灵是相通的，所谓"言为心声"，说的便是这个道理。所以，在人际交往中注意学习心理学知识，提高心理学的指导和运用，便能破解说话对象的心灵密码，从而令自己的话语更加具有说服力。

能言善辩并非强词夺理

练就能说会道的本领、拥有能言善辩的口才，是每个现代人都渴望拥有的一张通行证，它可以让你的人际交往畅通无阻，令你的人生、事业更加辉煌。纵观古往今来成功的人士，大多都拥有这样一张通行证，如古罗马共和国末期的政治家西塞罗、美国总统林肯，等等。他们都以能言善辩而著称，也都留下了一个个脍炙人口的关于口才的小故事，至今成为年轻人崇拜和学习的偶像。

然而，能言善辩并非强词夺理，更不是无理取闹、胡搅蛮缠。把死马说成活马，把无理说成有理，看起来似乎占了上风，实际上却无法令人信服，反而会令人心生厌恶、敬而远之。正如朱自清所说："所谓人情世故，一半是在说话里。"所以，做一个口才好的人固然是每个渴望成功之人所追求的目标，但切记不可矫枉过正，一味地追求强压他人一头，夸夸其谈，无理狡辩。

美国结束了长达5年的内战后，约翰·爱伦与陶克将军同时参加了国会议员席位的角逐。两人就地位和功勋来说，爱伦显然处于劣势，因为陶克将军是人人皆知的内战英雄。但是，在一次竞选演讲中，爱伦却巧妙地利用陶克将军的话作为自己的根基，发表了一场精彩的演说，进而获得了更高的支持率，一举扭转了败局。

陶克将军功勋卓著，他之前曾担任过三届国会议员，因此知道如何来激起人民对他的信任和感激——那就是巧妙地运用自己骄人的战绩。在演讲中，他声情并茂地对选民们说道："同胞们，不知大家是否还记得17年前茶座山那一战？当时，我带兵与敌人激战几天几夜。每次奋战之后，我晚上便睡在山上的丛林中。假如列位依然记得那场艰苦卓绝的战斗，那么在选举时，请你们也想一想那些历尽艰辛、餐风露宿、为大家浴血奋战的人！"他的一席话令人们回忆起了那段艰苦卓绝的战事，博得了一阵阵的掌声。

接下来是爱伦进行演讲。论战功，他自然无法与陶克将军相提并论，但是他并没有驳斥和抹杀对方的战绩，也没有强词夺理，标榜自己的功勋。他只是巧妙地借助陶克将军"为他"打下的基础，顺势骑到了驴背上，借力使力，从而毫不费力地击败了对方。对于那次战争，他是这样说的："诸位也许不知道，我也参加了那次茶座山的战斗。但我那时不过是一个小兵而已。虽然我是无名小卒，但冲锋陷阵是我，出生入死是我，当他在丛林中安睡时，为他站岗放哨、保卫安全的也是我……"

毋庸置疑，战士们比将军辛苦百倍，这一事实更符合人们的认知，也更能引起人们的情感共鸣。因此，爱伦的话深深打动了人们的心，人们也因此将更多的支持送给了他。在一阵比一阵热烈的掌声中，爱伦完美胜出。

当自己处于劣势时，不无理强辩，更不死缠烂打，而是用严谨的语言逻辑来进行辩论和驳斥，才能让对方心服口服，从而赢得真正的胜利。能言善辩是一种语言的智慧，学识渊博、据理力争、巧妙运用说话的技巧，才能真正做到"持之有故，言之成理"，也才能成为一个真正的能言善辩者。

能言善辩者令人敬服，而强词夺理者却遭人鄙视。自古以来，高明的辩论家们绝不会凭借诡辩来博取能言善辩的美名，而是用充沛的事实、强有力的理论依据来说服对方，令对方心悦诚服地接受自己的观点。我们不是说客，更不是辩士，与人交谈时，不一定非要用锋利的舌锋来一争高下。只要用最简洁明了的语言说出自己的观点，言简意赅、直击重点，不但一样可以令他人信服，更能赢得他人的尊敬。

第二章

言语气质，让你的话彰显气场

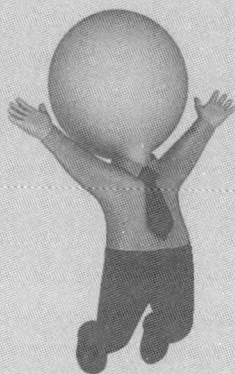

气质好不好，张口就知道

一个人的气质体现在平日里的举手投足和言行之中。一个人气质的好坏，能够直接影响到别人对自己的评价。比如在生活中，有些人说话口若悬河，侃侃而谈，却并没有得到别人的认可，甚至还会产生厌烦的情绪，从而在主观意识上去和他拉开距离，其中的原因很可能和他的气质有关系。而那些平日里很少说话的人，却能得到大家的爱戴，感到心情愉快，这就是那种"君子不言，言必有中"的做事风格表现出的优秀气质而散发出的魅力所产生的良好效果。

在生活中，不同的人有着截然不同的气质。有的精神十足、表情自然，谈吐滔滔不绝，得到了众人的喜爱和追捧，而有些人则是表情紧张、语无伦次，让人发出嘲笑和产生轻视态度。还有的人谈话也有着自然的表情和滔滔不绝的语势，但是因为胸无点墨或者过多地以自我为中心，让人产生厌恶的情绪。不同的气质产生不同的说话方式和词汇，在交际场合事业路上所取得的成就也是不可同日而语的。

一个人的外貌固然和气质有着一定的联系，但却起不到决定性的作用。真正的个人气质需要通过形体动作、面部表情为修饰的言谈来展示。换句话说就是，一切的表情和举止，都是口才的铺垫。一副好的口才未必代表迷人的气质，但具有迷人气质的人，必定会有一副好口才。

每个人都有着与众不同的生活环境、社会经历以及性格特征。我们在交往的过程中都希望给别人留下温和善良、学识渊博、风趣幽默、心胸宽广等不同的形象。这种形象所表现的就是希望之中的气质，毕竟高贵的气质是每一个人都希望拥有的。气质的体现包括仪表堂堂、情感丰富、思维敏捷等，而最重要最直接的则是流畅、文雅、得体等方面的言谈。对于我们每一个人来说，不仅要在平常的生活中注意一下服装仪表，更要在说话上下一番工夫，通过好口才来为气质做广告。

内有底蕴才能话语生香

杜甫有诗云"读书破万卷，下笔如有神"。意思是说只有通过不断的知识积累才能够笔下有物，不至于词语枯竭，思维阻塞。其实说话和写文章属于同样的道理，两者只是口述与用笔的不同罢了。目不识丁的人永远做不到口吐莲花，因为脱离了文学知识的修养，口吐莲花的口才只能是不切实际的幻想而已。缺少知识，就不会对事物有一个正确的见解，自己尚且迷惑，更没有能力去表达或者去说服他人了。

中国讲究"道术"的区别，"道"是原理和原则，"术"是指技巧和方法，前者通过后者来表达，后者为前者服务。因此，在说话中，我们虽然强调一定的技巧性，但更重要的是加强对知识的掌握。一味地追求技巧，就会沦为舍本逐末的悲剧，只有掌握了知识才会成为真正的有才能之人。古人说"腹有诗书气自华"，也正是这个道理。没有知识修养的人，无论有着多么高的社会地位，在讲话之中都会留下笑柄。

民国时期的韩复榘出身旧军阀，是一个目不识丁的草莽之徒，在担任山东省政府主席期间，留下了许多笑话。有一次，齐鲁大学邀请他参加校庆典礼。他在主席台上发表了一通讲话，让全校师生狂笑不已。

他这样说道："大学生、二学生、三学生们：今天是什么天气？今天是演讲的天气。开会的人来齐了没有？没来的请举手！很好，都到齐了，你们来得很茂盛，敝人也实在感冒……今天兄弟召集大家，来训一训，兄弟有说得不对的地方，大家应互相谅解，因为兄弟和大家比不了。你们是文化人，你们这些乌合之众，是学科学的、学化学的，都懂七、八国的英文，兄弟我是个大老粗，连中国的英文也不懂……你们是从笔筒里钻出来，今天到这里来讲话，真使我蓬荜生辉，感恩戴德。对你们讲话是没有资格的，就像是对牛弹琴。"

台下的学生们听了都差点笑得岔过气去，接着韩主席又唾沫星子乱飞地说："今天我主要是讲蒋委员长的三个纲目。蒋委员长在提倡新生活运动，兄弟我自然是要举双手赞成的，但是有一点我就闹不明白'行人靠右边走'，那么，留着左边的路给谁走呀？还有一件事，让兄弟感到很气愤，北平东交民巷有很多洋鬼子的大使馆，却偏偏没有我们中国的，在中国的地方竟然没有中国的大使馆，岂不是表明我们中国太软弱了吗？因此，我就向蒋委员长建议建一座中国的大使馆出来。"

接下来又提到了齐鲁大学的办学条件，他说："咱们这些大学生们的生活实在是太苦了，条件也简单了点，我经常见十几个人大热天的穿着裤衩在抢一个篮球，实在是太不雅观了，我们虽然穷，但是几个球还是有的，明天就让财政厅给你们送一笔钱来，多买几个球，一人一个岂不更好，免得为了争一个球而伤了大家的和气！"

等到韩复榘讲话完毕，前呼后拥退出主席台后，全校学生终于忍不住开怀大笑起来，尽情地嘲笑这个不学无术的家伙。

韩复榘本来想通过这场讲话来塑造一个亲民的形象，也想向学生表现一下自己的学识和思想，最终却因为胸无点墨而闹出了大笑话。

俗话说："言为心声"，一个人的声音是学识和修养的综合体现。一个人的口才的好与差，并不是取决于他的出发点，也不是取决于他的表达技巧，而是由这个人的学识和修养来决定的。

唐代大诗人王维有一天身体感到不适，就来到一家药店抓药。他来到店内，看到柜台内坐着一位漂亮的年轻姑娘，于是就想趁机考验一下她的才气。那位姑娘问王维抓什么药，王维回答说："我买宴罢客何为？"姑娘听了，笑道："宴罢酒醒客'当归'，请问先生要几钱？"王维又说："姑娘稍等，我二买黑夜不迷途。""夜不迷途须'熟地'，此药本店多的是。"王维依然没有作罢，继续说道："三买艳阳牡丹妹。""牡丹妹是'芍药'红，芍药昨日方到，还是新鲜的。""四买出征在万里。""万里出征是'远志'。""五买百年美貂裘"。"百年貂裘是'陈皮'。""六买八月花吐蕊。""秋花朵朵点'桂枝'。""七买蝴蝶穿花飞。""'香附'蝴蝶双双飞。"王维听罢，大喜，连连称赞这位姑娘"实在是太妙了，我甘拜下风。"

王维用七句诗来告诉姑娘自己需要的药品。姑娘见招拆招，以诗还诗，让王维见证了她的聪明伶俐和才思敏捷。这位少女的好口才和她聪慧过人的机智有很大关系，更和她平日里的文化修养有着直接的联系。如果这位姑娘目不识丁，即使天分聪颖，恐怕也说不出这番生香的妙语来。

我们要想成为一个会说话的人，不仅要有敏锐的观察能力和思考能力、掌握一定的说话技巧，还要全面提升自身的文化修养。只有有了底蕴，才能够说出一些典雅的话语来。正所谓"内有底蕴才能话语生香"。

让口才弥补你的外在缺陷

我们有时候会因为自身的外在缺陷而苦恼，比如平凡的相貌，普通的出身，不高的学历，等等。但是，假如拥有一副好的口才，这些缺点和不足就会变得微不足道了，相反的，这些缺陷还会转化为个人的一种优势。我们经常可以见到衣着简谱相貌平平的人能够成为交际场合的重点，吸引着人们的目光。而促成这种魅力的生成，口才是唯一的原因。好的思想和想法，会通过优美的句子，得体的句式，完美的音质而传达出来，让人们有着美的享受和感悟。

王猛是东晋时期北海人，从小好学，才能非凡，胸怀大志，但是不屑于琐碎事务，因此，人们都很轻视他。王猛却并不介意，悠然自得地隐居于华阴山下。后来，东晋大将桓温北伐，打到了华山脚下。王猛便披着粗布衣服去拜访他，边摸着虱子边谈论当时的大事，旁若无人。别人都很讨厌这个其貌不扬而又脏兮兮的家伙，纷纷表示要杀了他。但是桓温觉得他与众不同，便问道："我奉天子之命，统帅十万精兵为百姓消灭残存的寇贼，然而三秦的豪杰之士至今没有人前来归附，这是为什么呢？"王猛说："您不远数千里，深入敌土，如今长安近在咫尺而您却不横渡灞水，百姓们不知道您的意图，所以不来。"桓温沉默不语，说不出话来，过了一会儿说："长江以南没有人能够比得上您的才能！"于是就安排王猛暂

任军谋祭酒。后来，桓温邀请王猛一同南下回晋，但是考虑到江南的世家大族把持朝政的现实，王猛拒绝了。之后，他寻找机会，投奔到了前秦苻坚帐下。

苻坚在和王猛进行一番交谈之后很是高兴，感慨地说："我遇见你，就像是刘玄德遇见诸葛孔明了！"就任命他做京兆尹。

前秦的社会局面并不平静，氏族贵族豪强飞扬跋扈，从上到下形成了一股强大的社会势力，危害极大。当时都城长安的氏族豪强，因为是跟随苻坚出生入死的旧人，自认为功劳很大，不把王猛放在眼里，横行霸道无法无天，鱼肉乡里。王猛到任之后，就把那些为非作歹的贵族们绳之以法，处以极刑。豪强们愤怒了，联名上书告他滥杀无辜，要求惩治王猛。因为朝廷一些官员的袒护，王猛被抓并被打入大牢。

苻坚对王猛的行事方式也感到不满，认为这是在动摇前秦国的国本。他决定亲自审讯王猛。他怒气冲冲地对王猛说："处理政务的根本是要把德放在首位，而你上任不久就滥杀无辜，这也太残酷了！现在搞得民怨沸腾，我看你还有何话说！"此时王猛如果低头承认错误的话，说不定就会人头落地，最好的结局也不过是免去官职，放归乡里，让那些世家大族看笑话。因此，他坚决不肯承认自己的做法是错误的，理直气壮地对苻坚说："臣听说国家安定的时候实行礼治，国家混乱的时候就要实行法治，陛下不嫌弃我，派我去治理混乱的地方，为陛下翦除歹徒。如今我才杀了一个奸吏，该杀的还有很多。陛下如果责备我不能杀尽那些坏人，我甘受法律制裁；但如果加以酷政的罪名，我实在不能接受。"苻坚听后，怒气全失，明白了王猛的苦心，感动之余就把王猛放了，并且官复原职。后来，在朝堂上他对大臣们说："王猛就是我的管仲啊！"

王猛长相丑陋，做事又容易得罪人，但是他却通过口才弥补了这些缺陷，先后获得了桓温和苻坚的欣赏和信任。他以口才为敲门砖，开创了一番人生事业，成为一个流芳千古的人物。

有很多人渴望得到别人的欣赏，但是却有一种很大的自卑心理在作怪，他们觉得自己是一个出身平凡、相貌平平、笨嘴拙舌的无能之辈，没有资格在交际场合中和别人打交道。这种想法是要不得的，当你自己就看不起自己了，还有谁能够重视你的存在呢？每个人都会存在着一些先天或是后天的缺陷，但是我们应该学会扬长避短，用语言来弥补这些缺陷，让口才为自己挣得印象分。

唐朝宰相杜佑巡游江南的时候，拒绝接见无名之士。但是有一位叫张祜的书生却偏不信邪，一心想结识他。张祜写了一个署名叫做"钓鳌客"的名帖让人送给杜佑。杜佑看到之后，觉得很奇怪，就破例召见了他。

杜佑问张祜道："你自称钓鳌客，那么请你告诉我，你用什么东西做钓竿呢？"张祜回答说："用长虹！"杜佑又问："那么吊钩又是什么呢？"张祜说："用新月！"杜佑再问："用什么作钓饵呢？"张祜向他深深地做了一个长揖，说道："用我作钓饵，当然就能钓到鳌鱼了！"杜佑听后抚掌大笑，对这个年轻后生刮目相看，于是就高兴地命手下人设宴款待他。

一人之下万人之上的宰相和一个青衣秀才的距离何止是十万八千里，别说是结交，哪怕是能够看上当朝宰相一眼也是三生有幸。张祜却用短短的几句话让杜佑迅速地认同了他，并和他成了忘年交。

交往的过程中，一个人的形象地位和出身可能会在短时间内抬高一个人的身价，但是假如失去了八面玲珑的交际手段，和别人谈话的时候表现的过于肤浅和无知，就会很快地被人们所淡忘。而一个拥有好口才的人或许会存在一些外在的不足，但是可以通过知识和谈吐来提升自己的人气，为个人魅力增添光彩。

长得漂亮，不如说得漂亮

爱美之心人皆有之，拥有出色外表的人能给别人带来眼睛的愉悦和心灵的欢乐。但是，有些人却过分地依赖上天的偏爱，在和朋友的交往中，以美貌为资本，自认为是上帝的宠儿，不去进行必要的学习和积累，在谈话中，不注意谈话的对象和心情，完全按照自己的意愿来行

事，或者在说话的时候口不择言，带有很大的火药味，让人听了，有一种被噪声污染的感觉，从而对他产生了很大的意见，最终造成了交际的失败。

眼睛可以接受漂亮的外衣，但是向心灵传递信息的耳朵却是不识五色的，不会欣赏华美的外衣，对不合时宜的言谈承受力有一定的忍受限度。当一个人的外表和语言不成正比的时候，给人的印象就会大打折扣，形成巨大的反差，以至于将来遇见你时会绕道而行，甚至视而不见，没有心情欣赏你那精致的五官和考究的服装。

一个人的形象固然是十分重要的，但是这种先天性的东西往往是可遇不可求，因此才有了天生丽质的成语。而口才则不一样，它是经过后天长期不懈的努力才得以形成的，口才对于每一个人都是公平的，能够拥有好口才的条件不是机遇和幸运，而是一个人的追求动力。拥有好口才的人，能够潜入气氛表达自己的思想，和别人进行有效的沟通，哪怕是批评的话让人听来都感觉是在欣赏一首典雅的音乐。会说话的人，能够在各种各样的交际场合中如鱼得水，获得较高的声望，那种后天形成的人格魅力也会给自己带来一个交际的磁场，深深地吸引着别人主动地和你交流攀谈。在事业上也会无往而不胜。

著名相声演员马季在去烟台参加演出的时候，当地的各大媒体都想采访一下这位著名的相声界泰斗。记者们接踵而至，纷纷敲响马季下榻宾馆的房门。但是，生性喜欢安静的马季，对接受采访感到有些厌倦，婉言谢绝了那些兴奋不已的记者们。那些记者乘兴而来，却吃了一个闭门羹，只好扫兴而归。这时，有一个爱好相声的女记者再次叩响了马季的房门，说："马季先生，我是一个相声迷，我对如今的相声表演有一些自己的看法，想和您交流一下……"马季先生一听，对她产生了兴趣，觉得这也是宣传一下相声的好机会，便十分热情地接待了她。两个人在一起高兴地谈论了几个小时，最后都有一种言犹未尽相见恨晚的感觉。这位记者以她和对方对相声的爱好为契机，巧妙地打开了马季先生的"话匣子"，圆满地完成了采访的任务。

好口才的背后是丰富完善的知识系统，表现出对语言正确合理的运用，体现着一个人的魅力，这种魅力能够让人通过听觉而产生美好的印象，感染和吸引着对方，从而在不自觉中让对方的思维和你的语言融会在一起。

有一位女施主，有着漂亮的容貌，较高的社会地位，富裕的生活条件，但是却郁郁寡欢，连一个可以倾心交谈的人都没有。无奈之中，只好去请教悟静禅师，询问提升个人魅力，引得别人欢迎的办法。

悟静禅师对他说："要想和别人和谐相处，就应该怀有一颗佛心，由慈悲胸怀，讲些禅话，听些禅音，做些禅事，用些禅心，这样你就会散发出无限的魅力来了。"

女施主有些迷惑，问道："别的我能懂，但是禅话该如何去说呢？"

悟静禅师道："禅话，就是说欢喜的话，说真实的话，说谦虚的话，说利人的话。"

女施主听后，深深受到了启发，向大师道谢之后就回去了。回到家里，她一改从前的骄气，在人前不再夸耀自己的财富，不再自恃自我的美丽，对人总谦恭有礼，说起话来不再是颐指气使，而是十分的和善，因此得到了别人的喜欢和爱戴，被朋友们称赞为"最具魅力的施主"。

漂亮的外表并不是美丽的全部含义，很多情况下，美丽是和漂亮没有任何关系的。有些人或许姿色平平，在茫茫人海之中并无多少出色之处，但是和他进行一场对话，就像饮下一杯美酒，有种飘飘然的陶醉感，很自然地就会对他高看一眼。至于那些金玉其外败絮其中的人，在了解之后，就再也没有了所谓"赏心悦目"的雅兴。

会说话的人赞美别人的时候会让人感到如沐春风，能把尖锐的批评变得悦耳动听，懂得什么场合说什么样的话，该直言相告时绝不掩饰，该温柔婉转时也绝不会直冲冲的。在出现冷场的时候，会说话的人能够以三言两语重新制造热闹和谐的气氛，在发生冲突的时候能够用三寸不烂之舌化干戈为玉帛。拥有好口才的人，会因为美丽的语言而散发出耀眼的光彩，让那些徒有其表的人望尘莫及。

语言是人的第二张脸

很多伟大人物是因为口才而名垂青史万古流芳的，一个个的成语故事记载了他们的妙语连珠和谈吐不凡，使中华民族文化有了良好的遗传基因。比如自荐的毛遂，出使楚国不辱使命的晏婴，舌战群儒的诸葛亮，等等。一个个的人物形象和他们的口才连接在一起，成为我们的一个历史图腾，千百年来，被一代代地传诵和学习。

语言是一门高深的艺术，是表达思想感情的有效形式。深得这种艺术精髓的人，绝不会勉强别人、压制别人、绑架别人的思维，而是巧妙地将别人的思想与自己的言论相接轨，准确、贴切、生动地表达和沟通，让别人对他充满欣赏和崇拜之情。

语言是人的第二张脸，深邃的思想、精辟的见解、睿智的话语会给人留下风流倜傥的印象，而肤浅的思维、庸俗的观念、轻佻的言谈则会留下粗俗不堪的感觉。我们在生活之中经常强调要注意自己的形象，而形象之中最大的组成部分则是我们的讲话方式。因此，我们要用广博的知识，优雅的谈吐来作为自己的第二张脸，提升个人的魅力。

那么，该怎么样让口才成为自己的第二张脸呢？我们可以从以下几个方面入手：

1. 谈吐文明

文质彬彬是我们这个民族对一个人提出的基本要求。因此，在说话的时候，我们要避免粗话脏话。现在，有很多的人把粗鲁的语言当成豪爽，将谩骂作为日常用语，交际场合中谈论一些不雅的下流段子，以此来吸引眼球。这样自然会引来别人的目光，但那些眼光中所带有的感情成分绝对不是赞赏的，绝大部分人会对此嗤之以鼻，认为和这样的人交往是对人格的侮辱，品位的降低。哪怕你有着侠义心肠，喜欢助人为乐，平日里乐善好施，但是因为一句粗俗的话就会抹杀你全部的优点，在别人的眼里，你会成为一个地地道道的山野村夫。因此，在说话的过程中，我们要避免脏话粗话，多使用文明用语。在条件许可的情况下，可以引用一些具有理性的语言，来显示个人的修养。

2. 禁用鼻音

很多人由于长期形成的坏习惯，在和别人交谈或者是发表意见的时候，经常会发出"嗯""喔""哼""切"之类的声音。这些话虽然不是粗话脏话，但会给人一种漫不经心的感觉，感情细腻的人甚至会认为这种发音是对别人人格的不尊重，或者表现了你对交谈者的不重视而对你产生反感。

3. 不能使用流行语

或许是娱乐电视节目看的过多，上网时间太长的原因，越来越多的人在谈话中都夹杂了一些流行语。用"哇噻"表示惊讶，用"哦也"表示兴奋，要么就是用"偶""东东""囧""潮"等词语代替固有的语言。讲这些话的人自以为跟上了时代的步伐，步入了先进者之列，而实际上却并非这样。在校的孩子讲这些流行语言可以证明充满活力，但是走上社会的人再说这些单词就显得不合时宜，要么让人觉得是在装嫩，要么让人觉得脑残，还没有摆脱幼稚的阶段。年过而立的人讲这些流行语，会显得不伦不类，有失身份。

4. 有修养

有修养的人在谈话的时候都会掌握分寸，懂得礼数，用词规范清雅，不会因为和别人的意见相左而去争辩和驳斥，更不会为了满足自己的好奇心、猎奇欲而谈论别人的私生活，更不会用言语去揭别人的伤疤，让人无地自容，下不得台阶。哪怕别人有了错误也不会用教训的口气去指责，而是委婉地进行劝说。当别人在言谈之中无意侵犯自己的时候也不会以牙还牙地进行报复。在交际场合，有修养的人能够做到知礼节，知轻重，彬彬有礼，进退如仪。有修养的人如果能够达到高尚的道德境界，也就能获得别人的尊重。

让你的言语扣人心扉

我们与人交际的时候，说话要说到别人的心坎里，如果一下子就能说出对方的心声，对方一定很乐意与你继续交谈下去。不过几句简单的话就叩开人的心扉，这其中也是有技巧的。

我们在与大家的交流中，一个好的话题是开始交谈的媒介，深入人谈话的基础是敞开心扉纵情交谈。但是在具体的选择话题的时候，要顾及对方，看清谈话的对象喜欢什么样子的话题。一个话题，只有让对方感兴趣，谈话才能有维持继续下去的可能。

你喜欢军事，他喜欢摄影，你和他大谈军事，他却对军事一窍不通，就等于是对牛弹琴，你津津有味地说了半天结果发现对方根本听不懂，你的心情不会好，同样对方的心情也不会好。你们的谈话没有交集点，这样的谈话也就没有必要继续谈论下去。你说你的他说他的，最终你们之间的感情不会变好，反而会变得更糟糕。你就着你的兴趣大谈特谈，对方只会觉得索然无味，和你找不到共同话题，两个人的对话，也就变成你一个人的独角戏了，这样下去一定会冷场。

一位衣着时髦的白领小姐正在为购买一件大衣犹豫不决的时候，女营业员忙上前说："这件衣服品位高雅，我们卖得很好，今天早上就卖出好几件。"可那位白领小姐听后立即走了。不久，一位中年妇女来了，准备买一件新潮的马甲，那位营业员接受了刚才的"教训"，便说："这件马甲很不错，上身的效果也很好，很气派，一般人穿着还压不住它，从进货到现在还没有卖出一件，看来只有你最适合了。"这位中年妇女听了很生气地走了。

女营业员所犯的错误就是没有看清对方的身份说话，结果惹得顾客很生气，自己也没有卖出一件衣服。作为白领，自然是追求个性，不喜欢和别人穿一样款式的衣服，否则就会感觉有失品位。可是对于中年妇女，最害怕看到别人不穿的衣服自己穿，那就说明自己已经老了，赶不上潮流了。由此可见，说话看不清对方的身份，将会造成不良的影响。

我们在与别人说话的时候，所采取的方法不一样，所得出的结果也会不一样。有的人很会说话，不管多么难以启齿的话，到了他的口中就能变成另一种味道，变得让人很容易接受。可是有的人却正好相反，很简单的话从他的嘴里说出来，就会让人听得很别扭。说话是一种艺术，也应注意技巧。如何轻松地打开话题，这是一个很值得去探讨的问题。我们常说"万事开头难"，不管是写文章，还是开口与人交谈，很多时候都会遇到一些"开头难"的事情，解决这些问题，我们一定要学会一些小的技巧，来让原本就很难开头的话，说得很有水平。

有一次，埃及总统纳赛尔接见了一位日本议员，由于两个人初次相见，再加上彼此之间并不是太了解，纳赛尔对他的热情只停留在了外在的礼貌上，对他并没有多大兴趣。这位日本参议员为了能完成这次的出使使命，就主动出击，主动地和纳赛尔套起了近乎。下面是两个人的谈话：

议员：在我们日本，每个人都知道埃及有一条尼罗河，埃及有一个英雄叫纳赛尔。我想，与其称阁下为总统，不如称上校好一些，因为我也曾是军人，也和您一样，跟英国人打过仗。

纳赛尔：唔……

议员：英国人骂您是"尼罗河的希特勒"，他们也骂我是"马来西亚之虎"。我读过您写的《革命哲学》，我把它和希特勒写的《我的奋斗》做了一下比较，发现希特勒只推崇实力，而您除此之外，还多了几分人情味和幽默感。

纳赛尔：呵，我写的那一本书，是在埃及独立之后的三个月的时间里匆匆写成的。你说得很对，我不仅注重实力，还非常重视人情味。

议员：对呀！都说军人的心是铁做的，但并不正确，我们军人也需要人情。我在马来西亚作战时，一把短刀从不离身，目的不在杀人，而是保护自己。阿拉伯人现在为独立而战，也正是为了防卫，就和我作战时刀不离身一样。

纳赛尔：阁下说得实在是太好了，我非常欢迎你以后能够经常来做客。

俗话说："酒逢知己千杯少，话不投机半句多。"那位日本议员从纳赛尔写的那本书开始讲起，把话说到了他的心里，很快就得到了这位埃及

领导人的欣赏和尊重。

罗斯福说过："只有谈论他最关心的事情，才能抓住他的心，让他高兴起来，然后接近他就比较容易了。"一个人总是对自己喜欢的事物有着说不完的话，抓住对方的兴趣所在，作为切入点，用一个他感兴趣的话题来引出下一个话题，让你们的谈话自然而顺利的进行下去。

不会说话就很容易语出伤人，可能并没有恶意，可是不会说话的你会让人产生误会，以为你是故意的，你可能好心办成了坏事。说话说到重点上，让你的话合了对方的心意，对方是怎么想的，你可以仔细的揣摩一下，要说出扣人心扉的话，也就不难了。

第三章

曲径通幽，有些话最好绕弯子说

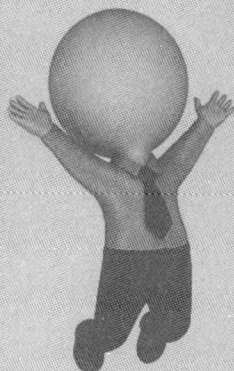

多说一句"假如您是我"

在与人相处时，我们常常强调要多替对方考虑，要学会站在对方的立场上看问题，这样，才能有利于问题的解决，也才能实现人与人之间的和谐共处。每个人都是平等的，都是独立存在的个体，只有相互为对方着想，相互变换立场，才能实现沟通与交流的顺畅进行。假如一味地强调自己体谅对方，而对方却不能身受同感，那么久而久之，彼此的相处与沟通便必然会出现问题。所以，若想获得他人的认同与支持，得到他人的建议与帮助，最好的办法莫过于令对方设身处地地为你着想。要想做到这一点其实并不难，"假如您是我"，这样一句简简单单的话就可以帮助你实现目的。

"假如您是我"这句话听起来就很亲切，可以一下子拉近双方的距离，有利于双方敞开胸怀，畅所欲言。这虽然只是一个假设，却有助于对方换位思考，冷静沉着地判断形势、分析问题，而不至于带着过强的主观意识，做出武断的结论。因此，在陷于纷争时，这句话可以帮助对方冷静思考，不致偏激，最终很好地平息纷争。因为人们在沟通与交流中出现的最大问题便是总站在自己的立场看问题，以自己的认识或偏好去评价他人的行为，基于自己狭隘的经验去处理问题，从而导致双方壁垒分明、争论不休。而"假如您是我"这句话则可以使对方放开自己的偏见，变得公正、宽容，问题自然也就能得到很好的解决。

在征求对方意见或建议时，这句话同样可以达到事半功倍的效果。我们先来看下面一个小故事。

艾米参加工作已经半年多了，说起自己的上司，她总是赞不绝口：宽厚大度、体贴下属、善解人意。艾米每次送报表时，上司总是笑眯眯地夸赞她说："不错，刚刚毕业的年轻人，有这样的成绩已经很不错了。"初出茅庐的艾米听了当然很高兴，但是她更想上司能为自己提一些建议或意见，以便自己得以更快地提升。不过这样的想法好似是奢求，上司从来不会对她的工作做任何指导或指点。

艾米有些闷闷不乐，她是一个追求上进的女孩，但怎样才能听到上司的真心话呢？

公司又来了新的大学生。有一次，艾米去上司的办公室送报表，听见他在对新来的朱莉说："不错，年轻人刚刚毕业，能做成这样已经算不错了。"艾米刚想笑："上司对每个新人都说这样的话。"但紧接着，艾米听见朱莉诚恳地对老板说："我是个新人，还有很多不懂的地方。这份策划书我自认为也不是尽善尽美，但我找不出问题所在。假如您是我，您会做怎样的修改？能给我一些建议吗？"结果出乎艾米的预料，上司果真很爽快地给朱莉提了几点意见。看着朱莉满面微笑，满意而去，艾米突然明白自己该怎样做了。

朱莉是个聪明的女孩，她知道怎样寻找突破口，打开上司的话匣子。其实很简单，一句"假如您是我，您会怎样做"，就可以不着痕迹地将对方推到自己所处的位置，自己所在的境地，从而令对方说出心里话，表明观点或者提出建议。

"假如您是我"这句话还能让对方感受到你的真诚与谦虚。没有人会忍心拒绝一个对自己真诚、谦虚地征求意见的人。常常说这句话的人毋庸置疑一定是一个拥有好人缘的人，也一定是一个善于沟通、长于交流的人际交往高手。这样的人，不论走到哪里，不论和什么样的人打交道，都会受到欢迎的。

因此，如果你想对方真心实意地帮助你，如果你想听到对方的真心话，就不妨借助这简单的一句——"假如您是我"，它不但可以帮助你与他人的交流得以顺利进行，更能让你得到别人的欣赏与赞美。

"两面提示"与"一面提示"

希望对方认同自己的观点、采纳自己的意见，这是每个人在与他人交流、沟通时所希望达到的目的。然而，每个人都有自己的想法，有时想要做到这一点并不容易，尤其是当你面对一个固执己见，很难听进他人意见的人时。

怎么办？急功近利的人往往会采取这样的做法：反复强调自己想要表达的观点，或者单纯陈述对自己有利的方面，而对自己不利或存在的弊端则一概不谈。这是一种急于求成的方法，同时也是大错特错的方法。且不说这样做、这样说本身就违反了事物都具有利弊两面性的规律，单是从个人感情方面来说，人们对于这样"王婆卖瓜，自卖自夸"式的人也本能地会产生反感心理。这就是我们平常所说的"一面提示"法，即只谈对自己有利的理由。

顾名思义，那么"两面提示"法就是既陈述对自己有利的理由，又客观、公正地分析自己事实存在的不足或者对自己不利的理由，将优点和缺点交替陈述的方法。事实证明，无论在日常谈话中还是说服他人时，"两面提示"往往比"一面提示"更有说服力，更加令人信服。

小朱是一家汽车销售公司的业务员，参加工作半年多了，他的销售业绩一直不尽人意。经理多次找他谈话，暗示他假如再不能尽快将业务提升上去，就请他走人。

小朱很苦恼，却不知自己的问题出在哪里。思来想去，他决定还是请销售部的"老大哥"老吴帮忙。老吴这么多年来一直是公司的销售冠军。

小朱请老吴喝酒。酒过三巡，小朱坦言自己在工作上遇到了麻烦，并诚恳地请求老吴指点迷津，帮自己一把。老吴并没有直接告诉小朱应该怎样做，而是反问小朱："你在向客户推销汽车时，是否竭力宣传你所销售的汽车是如何如何的好，性能是如何如何的全面，总之是全说好话；而在谈到别家公司的汽车时，全说对方的缺点和不足？"

"那当然，向客人推销，怎么能说自己的产品不好呢！"小朱自然是毫不犹豫地回答。

"到底是年轻人！"老吴笑了。"你可知道，你这样做不但不能有效地说服客人，甚至还会让他们对你造成反感。换一种方法试试吧！下次再向客人介绍自己的产品时，除了多说优点，也要客观、公允地评价他人的产品，甚至要让客户了解自己产品的不足之处，这样的话，你的销售额一定会上来。"

小朱半信半疑，但是结果却让他不得不信服。短短的三个月时间，小朱就摆脱了公司销售"尾巴"的尴尬境地，甚至因为业绩突出而多次受到经理的表扬。

老吴的方法其实很简单，就是我们上文中所说的"两面提示"法。任何事物都具有双面性，只强调自己产品的优点，对于那些不了解产品性能的客户来说，的确能起到蛊惑作用。但随着社会的信息化程度越来越发达，客户也变得越来越冷静、理智。他们会细致地分析自己所听到和看到的，不会轻信任何一方的一面之词。假如你所说的与他们自己所看到的有所出入，那么他们就会更加不信任你。既然如此，不如客观、公正地将自己的优点与缺点同时陈述出来，并在一定程度上肯定自己竞争对手的长处。这样，就会给客户留下知识丰富、公允客观的好印象，从而消除客户的抵触心理，认可你的为人，同时接受你的产品。

发表意见时自然也是如此。与其一味地强调自己观点的正确性，不如实事求是地既说明自己观点的长处，也说明其短处，并同时探讨一下其他方案的可行性。这样，不但可以消除听众的防范和抵触心理，更能让对方觉得你是经过深思熟虑、综合论证而得出的结论，从而对你所说的话更加信服。

迂回曲折，激起对方谈话的兴趣

人们常说："话不投机半句多。"可见，无论在什么方面，兴趣都是引领事情顺利发展的前提条件，人与人之间的沟通与交流也不例外。那

么，怎样才能引起对方谈话的兴趣呢？

对于容易接近的谈话对象来说，天气、球赛、对方的兴趣爱好等都可以是话题的开端，但是对于那些不容易接近、拒人于千里之外的对象来说，就必须要用一些技巧，巧妙地引起对方的谈话兴趣，让他愿意交谈并有话可谈。

对于拒人于千里之外这样的谈话对象来说，开门见山、单刀直入显然并不合适，因为他明摆着就是不愿意和你说话，硬凑上前不但自讨无趣，也不会对交流与沟通有任何帮助。因此，这时我们不妨用迂回曲折的方式，吊起对方的胃口，激发对方的好奇心，从而引发其谈话的兴趣，让他主动与你交谈。假如你能做到这一点，那么离顺利地沟通也就不远了。因为，"好的开端是成功的一半"，这是众人都明白的道理。

美国一家公司想与印度军方谈一笔军火生意，但是经过数次谈判都没有成功。美方于是派出了公司的"金牌推销员"，亲自到印度洽谈这笔生意。

推销员到了印度之后，首先给印度军方的一位长官打电话，对于对方冷漠的态度，推销员毫不在意，只是说："我对将军十分仰慕，所以将专程到新德里拜访阁下。只要将军能给我一分钟的时间，我就心满意足了。"将军心想一分钟倒也无所谓，于是便勉强同意了他的请求。

双方一见面，将军便给对方来了个下马威："我很忙，没有时间听你推销。"

推销员似乎并不在意将军的冷若冰霜，而是非常诚恳地说："其实，我今天是专程来感谢将军的。"

"感谢我？"将军有些愣住了。

"是的，若不是将军的强硬拒绝，公司也不会派我来到印度，而我也就不会有这样一个幸运的机会，让我时隔30多年后，又回到我的出生地。"

"出生地？这么说你是在印度出生的？"将军的好奇心被吊起来了。

"是的。"推销员微笑着说，"42年前，我出生在印度的新德里，那时我父亲是美国钢铁公司驻印度的代表。可以说我的童年是在象背上度过的，而印度便是我的第二故乡。"

听着推销员满含深情的回忆，将军的脸上也渐渐露出了微笑。捕捉到这一表情，推销员又不失时机地从口袋里拿出一张照片，递给将军："您看到这照片上的老人了吗？"

"这不是我们印度的圣雄甘地吗？"将军叫了起来。他好奇地问："和他在一起的这个孩子是谁？"

"那就是我啊！"推销员自豪地回答。"那时我才4岁。这张照片一直是我们家最珍贵的礼物。这次我来印度，还要代表全家拜谒圣雄甘地的陵墓。"

"您和您的家人对于圣雄甘地和印度人民的友好感情令我感动。"将军主动伸出手来，紧紧握住了推销员的手。"请允许我有这个荣幸邀您共进晚餐，表示对您和您家人的感谢！"

结果毋庸置疑，当晚餐结束时，将军便在合同上爽快地签下了自己的名字。

这个推销员真不愧为"金牌推销员"，他那高超的说服技巧令人叹为观止。有人说他不是出生于印度，连同那张照片也是合成的。但这又有什么关系的呢？重要的是他成功地说服了印度的将军，完成了自己的使命。而他之所以成功的最大诀窍就在于他并没有卖弄他那三寸不烂之舌，妄图说服对方，而是迂回曲折，巧妙地激发了将军的兴趣，从而诱导将军一步步走进了他的"圈套"。而这，正是他最令人叹服的高明之处。

难怪有人说：兴趣是最好的老师。只要有了兴趣这个老师的引导，你无须费力，就可以轻松自如地将谈话顺利展开并继续下去。当然，引发他人兴趣的最重要的一点是要靠平时的积累和察言观色的本领。记住，只有清楚地了解他人内心的想法，才能用最有效的语言和方法打动对方，实现自己的目的。

巧用"激将法"表达你的想法

俗话说："请将不如激将。"当你用尽一切手段，请求、恳求、甚至哀求，对方都不为所动时，不妨试一试激将法。说不定你将会得到意想不到的结果。

激将法是人们在日常生活中经常使用的一种说服方法。所为"激将"，就是以刺激性的言语鼓动他人去做某事的手段。战场上，将军利用激将法鼓励战士们英勇杀敌；工作中，领导利用激将法鼓励下属勇担重任；学校里，老师利用激将法鼓励学生奋发图强……可见，激将法是一种很好的说服方法，也是一种有效的刺激手段，它可以令你的话语更加具有煽动性，从而达到事半功倍的说服效果。

诸葛亮是一个善用激将法的大师。其中最有名的莫过于他用激将法劝说孙权联合刘备、共同抗曹的故事。

诸葛亮和鲁肃一起会见孙权。当他见到孙权碧眼紫髯，器宇轩昂时，便知此人很难用言语劝服，于是便决定用激将法。

谈及当时的情势，孙权问诸葛亮："曹兵共有多少？"诸葛亮回道："马步水军，共100余万。"孙权有些怀疑。诸葛亮轻蔑地笑着说："曹操在兖州时，手下就有20万青州军；河北平定后，又新增五六十万；加上中原新招的三四十万兵和荆州的二三十万兵，统共不下150万。我说100万，只不过是怕惊吓了你们江东之士。"

鲁肃在一旁听了大惊，一个劲使眼色让诸葛亮住口，但诸葛亮却只装作看不见。

孙权接着又问："那曹操有多少部下战将呢？"诸葛亮回答："足智多谋之士，能征惯战之将，不下一二千人！"

孙权听后，请教诸葛亮说："曹操有意吞并江东，先生认为我战还是不战呢？"诸葛亮回答："官渡之战，曹操大获全胜；如今又新破荆州，威慑四方。如今就算有英雄豪杰想与之抗衡，也难有用武之地，因此刘豫州才逃到这里。希望将军您量力而行：假如能以吴、越之众与他抗衡，就早下决心与之绝交；如若不能，还是趁早投降罢了！"

孙权又问："照您这样说的话，那刘豫州为何不向曹操投降呢？"诸葛亮说："当年的田横，只不过是齐国的一名壮士而已，他尚能笃守节义，不受侮辱，更何况身为王室之胄、英才盖世、众士仰慕的刘豫州呢？事业不成，是天意如此，大丈夫又岂能屈居人下？"

孙权听后，勃然大怒，拂袖而去。大家都嘲笑诸葛亮口不择言，得罪了孙权。有谁能受得了这样的藐视呢？然而诸葛亮却笑着说："我自有破曹良策！但是孙权不问我，我怎么能说？"孙权一听，即刻从后堂转出，与诸葛亮相见，并细细征询破曹大计，同时也坚定了联刘抗曹的决心。

诸葛亮在这里运用了两种激将法：一种是反语激将法。诸葛亮表面上劝说孙权如若没有能力与曹操抗衡，不如趁早投降，实际上是在激发孙权的好胜心。试想同样是一代枭雄的孙权怎会甘心去做曹操的手下？还有一种是贬低式激励法。他借着吹捧刘备，说他是不甘屈居人下的大英雄、大豪杰，实际上是在暗暗贬低孙权，嘲笑他不敢与曹操抗衡，无疑是受人耻笑的懦夫。这样一来，孙权的斗志与好胜心必然会被激起，而诸葛亮也就不费吹灰之力成功说服了孙权联合抗曹的大业。

激将法在我们的生活和工作中随处可用，它可以瞬间激发对方的情感和心理，让对方在不知不觉中顺着我们的思路前进，帮助我们顺利地达到自己的目的。它可以用在自己身上，朋友身上，也可以用在敌人或对手身上。激将法用于己或友时，目的主要在于激发其内在的积极因素，而用于敌人或对手身上时，则是为了激怒对方，令对方在丧失理智之时做出错误的决策，从而给自己以可乘之机。

可见，激将法无疑是一种很好的谋略形式，只要使用得当，一定会让你在与人交往之际更加得心应手、如鱼得水。

讲故事让你的话意不言而喻

没有人不喜欢听故事，但你可曾想到，讲故事也是人与人之间交流与

沟通的最有效的方式之一。

很多大人物都善于用讲故事的形式来委婉地表达自己的真实意图或者不便讲出口的顾虑。故事的内容一般与交谈的双方并无关系，并且大多诙谐有趣，有利于营造轻松和谐的交谈气氛。用这样的方式表达自己的意图或者说明道理，更加容易令对方接受。

讲故事其实就是绕弯子，或许有人会说何必那么麻烦，直截了当地讲出自己的意图不是更痛快吗？但是交谈的最终目的是让对方认同你的观点、接纳你的意见，利用讲故事的形式深入浅出地讲明道理，更加容易使人接受。同时，运用这种暗示的方法可以使交谈更加含蓄、更加隐晦，同时还能避免给对方造成尴尬或伤害，令对方在愉快的氛围中领悟你的意图。

艾森豪威尔担任美国总统时，经常被记者包围。他们总是缠着他问各种各样的问题，希望能从他嘴里探听一些重要消息，这有时令艾森豪威尔不胜其烦。

有一次，艾森豪威尔应邀出席新闻界的一个宴会时，记者们一见到他，便围了上来，一直追着他问最近是否有什么重要新闻。艾森豪威尔被问得实在有些厌烦了，但是他并没有发火，而是站起来对大家说："我先给大家讲一个故事好吗？"

大家不知道艾森豪威尔葫芦里卖的什么药，但有谁会拒绝听一个故事呢？于是艾森豪威尔开始讲述他的故事："小时候，我到一个农场去做客，看见一头奶牛，便问农夫这奶牛是否是纯种的，他说不知道。我又问：'它每周的产奶量是多少？'他还是说不知道。我接着又问了几个关于奶牛的问题，他都回答不上来。最后他很不耐烦地大声对我说：'我只知道这是头老实的奶牛，只要有奶，它就会给你！'"

大家哄堂大笑，艾森豪威尔话锋一转，紧接着说："大家都知道，我也像那头牛一样老实，不善言辞，这一点是众所周知的。但还有一点我要强调的是：只要有新闻，我就一定会毫无保留地告诉大家。"

众人笑得更厉害了，而那些死缠烂打追着他讨要新闻的记者也不好意思地低下了头。从此后，艾森豪威尔就很少再遇到有记者追着他要新闻的麻烦了。

从孩提时起，大多数人就喜欢听故事，很多人长大了也依然如此。因为与空洞、刻板的说教相比，寓教于乐的故事更加形象生动，更能吸引人们的兴趣与注意。所以，大凡口才好的人都是讲故事的高手，他们知道怎样用故事牢牢抓住听众的心灵与耳朵。正如上文中的艾森豪威尔，他借用了一个生动有趣的故事，委婉地表达了自己的不满，但是却又顾及了记者们的自尊和面子，既没有让他们下不了台，又让对方了解了自己的真实意图，真可谓是一举两得。

由故事引出谈话的内容，也是最能迅速激发听众兴趣的讲话方式之一，若你也想成为一个交流与沟通的高手，那么就先学会讲故事吧，正如美国著名作家亚历克斯·黑利所说的："最好的开端就是——'我来给你们讲个故事吧'。"当然，必须记住一点：你所做的一切都是为了你所要表达的真实意图而服务，所以讲述的故事也一定要紧扣谈话主题，否则离题太远，就会冲淡主题，从而失去了讲故事的意义。

表达自己前，先认同对方的观点

我们在与人交往时，总是希望能说服别人，让别人听从自己的建议，接纳自己的观点。但事实上，这一点并不很容易做到。因为每个人心中都有一个独立的自我，而人的这种独立意识会令他们坚持自己的观点，总认为自己的才是正确的。这时，争执便不可避免会产生，而这个时候想要说服对方则更有难度。其实，这是因为你没有充分掌握说服人的技巧与艺术所造成的。要想说服他人，必须掌握一定的技巧和艺术，只有这样，才能事半功倍，在短时间内让别人心悦诚服地接受自己的观点。

那么，怎样才能说服别人，让对方接受你的观点呢？直接驳斥是最愚蠢的做法。因为每个人都渴望被肯定、被赞赏，而不是被否定、被批评。你当面驳斥对方的观点，已经给对方的心理上造成不好的感觉，让人排斥，甚至反感，又怎能让对方心平气和地接受你的观点呢？

所以，要想他人接受自己的观点，首先要在心理上拉近双方的距离，

营造和谐友好的谈话气氛。要做到这一点，就必须先认同他人的观点，然后再顺势说出自己的想法。只有这样，才能令对方产生愿意听从的感情，也才能成功地改变对方的态度。

王鹏就职于一家外资企业，待遇很好，但却因为有一个严格要求的上司，因而工作并不顺心。王鹏的能力和才华其实都不错，但就是不太注意细节问题，所以常常成为上司批评的对象，日子一久，王鹏心中便渐渐积累了怨气。

这一天，由于堵车，王鹏到机场接客户的时间晚了几分钟，上司就大为光火，当着客户的面就数落起王鹏的不是。王鹏越听越火，最后一甩袖子，头也不回地离开了机场。

王鹏一到公司，便直接来到总经理办公室，递交辞呈。总经理先了解了事情的原委，然后微笑着说："小王，你的感受我能理解，换做我，我也会因为在客人面前丢了面子而大为恼怒。要是我在你的这个年纪，说不定还会做出更加出格的事来。你没有当面跟上司顶撞，在客户面前体现了我们公司员工的素质，维护了公司的形象，我要感谢你。"

王鹏一听愣住了，总经理的几句话说到了自己的心坎里。他不由有些懊悔自己的冲动。总经理接着说："但我认为工作就是工作，即便你的上司对你再严厉，那也是出于工作的需要，并没有掺杂个人恩怨在里面，你认为我说得对吗？对了，你知道现在我最感谢的人是谁吗？就是我当年的上司。他和你的上司一样，对待下属十分严格。但若不是他的严格要求和悉心栽培，我说不定只是一个办公室文员，永远也不会有今天的成就和位置……"

话音未落，王鹏便站了起来，心悦诚服地说："您的意思我明白了，谢谢您。我希望能收回我的辞职报告，今后我一定会更加努力地工作。"

总经理对王鹏的劝说并不是指责和批评，而是出人意料地先赞同了王鹏的观点，甚至说出了感同身受的话，这令王鹏大有找到知音的感觉。自然，接下来王鹏对总经理所说的一切都不再抱有排斥或敌对的心理，而是心平气和地接受了他的劝告和建议，收回了辞呈。而这才是总经理真正目的之所在。试想一下，假如总经理当时不采取这样的方法，而是采取直接说服教育的手段，那么肯定不会取得这样好的效果。

每个人都有被尊重和肯定的需要，当你认同对方的观点时，其实就是对他最大的尊重与肯定。当他觉得自己受到尊重与重视了，自然也就会乐意接受你的看法与思想。这时你再趁机说出自己的看法，就会省去很多口舌，同时还能取得更好的说服效果。

假借他人之口，说出心中之言

无论在生活还是工作中，人们经常会遇到一些不适宜直截了当表达自己观点或吐露心声的场合。怎么办？最好的办法莫过于假借别人的口，将自己的心声巧妙地表达出来。

其实说到底，假借他人之口表达心中之言就是一种寻找借口的方法，只不过这个借口找得巧妙，不但可以避免双方的尴尬，还给对方留足了面子，自己又不得罪人，可谓是一举多得。

假借他人之口赞美对方，可以消除对方认为你别有所图、故意为之的猜忌，还可以增强可信度。因为人们一般认为第三方所说的话更加公正、实在，从而也就更容易得到对方的好感与信任。这种赞美是对他人最好的鼓励与恭维，也是最有效的激励手段之一。比如当领导当面夸奖下属时，下属说不定会认为这是场面话而已，不会有太多感触；然而，当下属从第三者的口中听到了上司对自己的赞赏后，就会非常感动，然后更加努力，以报答上司的知遇之恩。

假借他人之口拒绝对方则有两大好处：一是容易获得他人的理解和接受，甚至博得他人的同情，从而致使对方不再刁难你，你也就可以全身而退；二是这种委婉的说法可以保全对方的颜面，不至于因为当面生硬地拒绝而使对方不快。所以，当别人的请求你无法满足时，与其绞尽脑汁寻找托辞，不如索性将责任推到第三方身上，这是拒绝的绝妙之策。

假借他人之口向对方提要求，不但可以避免被拒绝的尴尬，还可以暗暗地给对方施加一定的压力，令对方顾及第三者的面子与情分，无法轻易

将拒绝说出口。同时，这样也无形中增加了求人办事成功的可能性。

小黄到工商局推销百叶窗，在闲聊时无意间听工商局的梁局长提到百货公司最近新建了一座大楼，还没有装修，于是便想方设法找到了王经理的地址，登门拜访。

但是两人素不相识，小黄如何才能说动对方将大楼交给自己装修呢？

只见小黄做了简短的自我介绍之后，便开门见山地说："多亏梁局长的指点，我才能找到贵府……"

王经理一听，连忙问："你和梁局长是朋友？"

小黄微微一笑，没有承认也没有否认，而是说："梁局长将他们局新建的大楼交给我们装修，这是梁局长对我最大的信任。完工之后，梁局长对我们的工作非常满意。这不，听说你们的新大楼还没有装修，梁局长就介绍我来了。"

看到王经理的脸上露出一丝犹豫，小黄紧接着说："我曾多次听梁局长在各种场合提起您，说您为人仗义，乐于助人，是他多年的老朋友。他说，您对朋友最讲义气，让我放心找您。他还说您若能帮得上忙，就一定不会推辞的……"

王经理的脸上绽开了笑容，很快，没费多大口舌，生意就谈成了。

小黄在与王经理交谈的过程中，始终没有主动提及自己，而是两次假借梁局长的口，既表明了梁局长对自己的赞赏，也表达了自己想装修百货公司新大楼的意愿，委婉而又巧妙。这正是他的高明之处。这样说出的话，不但更加具有可信度，同时也令对方不好拒绝，从而做成了生意。

当然，假借他人之口传达心声固然有很多好处，但运用这一策略时也必须注意一个原则，那就是：不要添油加醋、无中生有，否则只会引起别人的反感，结果恰得其反。尤其是对他人不利的话，若是让对方听出这实际上是你自己的意思，就会更加厌恶，从而造成双方关系恶化，甚至反目成仇。所以，假借他人之口表达自身意图时，一定要注意说话的技巧和态度，不能令对方误解，以免引起对方不快。

第四章

说好人情话，不让自己处于被动

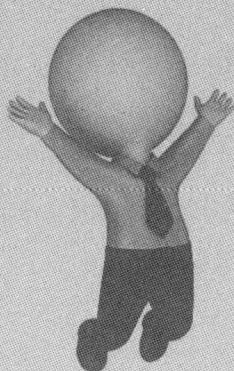

未语先观来意，开言要顺人心

许多年前，我国著名的相声大师马三立曾经说过一段相声，名字就叫《人情话》。他在相声中说，日常生活中说话，要讲究分寸，也要讲究艺术，说出来的话要让人爱听。"未语先观来意，开言要顺人心"，察言观色，将话说到对方的心坎上，才能受人欢迎，否则就会遭人厌恶。

他在相声中讲了这么一件事：

一个年轻人遇见一位老大爷，于是便开口寒暄："大爷，您今年高寿？"

"小着哪，七十六。"老大爷回答。

"哎哟，您不说我还以为您才六十出头呢！看您这精神，多好啊！人间五福寿为先，老爷子，您活到九十九没问题。"

老大爷一听乐坏了，立刻就拉着小伙子的手邀他到家做客去。

还有一位年轻人也遇到了这位老大爷。他是这么说的："大爷，您今年多大岁数啦？"

"小着哪，七十六。"老大爷回答。

"七十六还小？好家伙，不小了。好家伙，你都完了你。七十六了，我看你这模样，你像九十多岁的。怎么样？还能吃东西吗？够呛够呛，你呀，有造化，赶上这时侯了。要是秦始皇那年头，六十不死活埋，你都埋十好几年了。"

可想而知，老大爷气得胡子直翘，连声喊："滚蛋！滚蛋！"

这虽是一个笑话，但却说明了一个道理：人人都爱听好听的话。俗话说：良言一句三冬暖，恶语伤人六月寒。常说人情话、善于说人情话的人必定是心怀善意的人，也一定是善解人意的人。

但是人情话好听，人人都想说好人情话，那么怎样才能将话说到对方的心坎里呢？最简单的方法便是察言观色。察言观色是直击人心的关键，一个人的衣着、行为、姿势都会在毫无知觉之间出卖它的主人，仔细观察、用心揣摩，才能了解人心、懂得人性，说出的话才能让对方听了如沐春风。

高中同学聚会，朱大山因为最近生意做得风生水起，赚了一大笔钱，还包养了一个漂亮的"小情人"，他因此得意洋洋、沾沾自喜，在酒席上大肆吹嘘起来。然而，他却没有注意到同桌的老同学李小华脸色却越来越阴沉，闷着头一根接一根地抽烟。

原来，和朱大山相反的是，李小华最近做生意亏了本，老婆也因此和他离婚，跟一个"大款"跑了。李小华正处于人生的低谷期，听到朱大山的话，无异于在他心口上撒盐。周围有了解内情的同学，察觉他脸色不对，于是便连连朝朱大山使眼色，但朱大山却沉浸在自己的"辉煌战绩"中，浑然不觉。

终于，当朱大山说到"女人就是贱，谁有钱就跟谁；但男人没本事，也难怪留不住女人"时，李小华终于忍不住了，他大声说了句："屁话！"朱大山一听，立刻跳了起来："你说谁'屁话'？"

"就说你了，怎么的？"李小华憋了一肚子气，没好气地大声回答。

朱大山自然火冒三丈，一场恶战不可避免地开始了。最后，同学会不欢而散，朱大山与李小华这一对昔日好友也成了老死不相往来的陌路人。

一对老朋友反目成仇，令人欷歔。然而这一切都是因为朱大山在说话时未能察言观色、谅解他人所造成的恶果。俗话说："矮子面前不说短话。"李小华的不快已经摆在脸上，但是朱大山却依然口不择言，碰触他人的痛处，难怪李小华会勃然大怒，两人交恶。

可见，察言观色在人际交往中是何等重要。不会察言观色，就相当于不知风向便去转动舵柄，最后处处碰壁，甚至伤人伤己；而学会察言观色，就可以进行正确地推理和判断，观人于咫尺之内，在人生的竞技场上挥洒自如。

说话水平的高低直接影响着人生的成败与得失，这一点是人人都明白的道理。若想做一个说话的高手，说好人情话、将人情话说到对方的心

里，就一定要学会察言观色。了解对方的内心世界，才能对症下药、顺应人心。

量体裁衣，看人说话

俗话说：看菜吃饭，量体裁衣，意思是无论做什么事情，都要具体情况具体分析，看当时的情形而定。说话也是如此。因为我们打交道的对象是人，而每个人的性格、个性、习惯、喜好等各有不同，因此在与人交谈时，必须练就一双善于观察的眼睛和一颗善于体察的心。根据谈话对象身份、性格及喜好的不同而变换说话方式，才能在每一种环境下游刃有余，以致更好地完成沟通与交流。

人际关系不可谓不复杂，用"风云变幻、高深莫测"来形容也不为过；但人际关系其实又很简单，只要记住因地制宜、因人而异就一定能够无往而不利。要知道，人们的心理对于双方是否能够实现成功地交流有着重要的影响，所以，面对不同的谈话对象，开口之前一定要三思，要充分考虑对方的身份、心理与性格等，了解对方的意图和心思，只有这样，才能引导谈话成功，才能走进对方的内心。走进了对方的内心，沟通与交流也就能顺利地实现了。

萍萍高中毕业后，来到一家服装店做营业员。

一天，萍萍正在上班，店里走进来一位气质出众、优雅高贵的中年女子。萍萍赶紧迎上前，开始热情地介绍起店里的衣服。那女子似乎有些心不在焉，听了一会儿，突然冷冷地说："谢谢，我只是看看而已。"然后便转身匆匆离开了。萍萍愣住了，不知道自己说错了什么话令这位顾客不高兴了。

又有一次，店里来了一位时尚靓丽、打扮新潮的年轻女孩。她在店里转了一圈，看中了一件款式新颖的外套，爽快地对萍萍说："我就要这一件了！"萍萍高兴极了，她一边开票，一边奉承对方说："您眼光真好，这件衣服是我们店里最好卖的一款，一共进了20几件，就剩下这最后两件了。这还不到一个星期呢，你看，全卖光了。"

话音未落，这个女孩突然说："对不起，这衣服我不要了。"然后便转身离去。萍萍又一次愣在当场，久久没有回过神来。这一次她又错在哪里了呢？

萍萍不知道自己错在哪里，可明眼的人一眼就能看出，萍萍之所以两次失败，就是因为她不会量体裁衣、看人说话。气质高雅的中年女子一般品位非凡，她对美与服装的理解自然有其独到之处，无须别人指手画脚。对于这样的女士，过分聒噪只会令她厌烦，所以她匆匆离去；而新潮前卫的年轻女孩讲究彰显个性，最忌讳与人雷同，萍萍一说已经有那么多人买了这款衣服了，她怕撞衫，自然就不会再买。

可见，若想做到说话得体、事事圆满，就要懂得随机应变、因人而异。这不仅是说话的技巧，也是为人处世的智慧。"穷则变，变则通，通则达"，说话时因时、因地、因人、因事而适时变通，才能成为能够灵活变通的语言艺术家。

当然，每个人的个性与性格也不可能明白地写在脸上，这就需要我们做一个善于观察、精于揣摩的人，根据人们不知不觉在肢体、表情或者语言上所流露出来的蛛丝马迹，深入对方的内心世界，准确地把握他人的心理、情感。只有这样，才能顺着对方的思路，引导谈话顺利进行，同时不露声色地达到自己的目的。因此，说话之前一定要先摸透人心，然后再开口，才能把人情话说得动听圆满，才能把话说到对方的心坎里。

说好人情话，夫妻关系更甜蜜

这世上什么人之间的关系最亲密？毋庸置疑，一定是夫妻关系。是的，还有什么人能比夫妻之间更加亲密无间、更加水乳交融呢？人们常说：夫妻本是一体。因此有人便认为夫妻之间便应坦诚相待，有话直说。然而，"坦诚相待"固然是夫妻相处的基本原则，但是"有话直说"则应视具体情况具体分析，一味口无遮拦、信口开河，一样会伤害夫妻感情。

斯大林曾经在一次重要的晚宴上，当着全国高级官员和外国元首的面，大声地喊自己的妻子娜杰日达："喂！你也来喝一杯！"这句话令自尊心极强的娜杰日达感到了莫大的羞辱，她不顾一切地站起来，大声说："我不是你的什么'喂'！"然后便在众人诧异的目光中头也不回地走出了宴会大厅。第二天清晨，人们发现娜杰日达手握手枪躺在了血泊之中。

娜杰日达的死或许是出于一时激愤，但这必然与她和斯大林之间长期以来存在的矛盾有关系。当着众多领导人与外宾的面，斯大林尚且不注意娜杰日达的感受，那么在家中，他对妻子的态度也可想而知。在这样的态度与说话方式下，无论什么人都无法进行心平气和的交流与沟通，而缺乏了交流与沟通的夫妻关系最终不是形同陌路，便是走向灭亡。试想一下，假如斯大林当时换一种语气和声调，对自己的妻子说："亲爱的，请你也来喝一杯吧！"或许惨剧就不会发生。

夫妻关系需要尊重与温暖，"大人物"的夫妻关系如此，"小人物"的夫妻关系也是如此。我们先来看看下面两对夫妻之间发生的故事：

星期天上午，孩子被姥姥姥爷接去玩了，家中便只剩下了小云和丈夫两人。小云想好好享受一下二人世界，但是丈夫却一直趴在电脑上，小云叫了几次，丈夫只是"嗯"了几声，却动也没动。小云很生气，一下子将电脑插头拔下来："一天到晚玩、玩、玩！你一会儿不玩电脑会死啊？"没想到丈夫这一次不是在玩电脑，而是在整理公司的资料，小云这一拔插头，他辛辛苦苦整理出来的资料一下子全没了。丈夫火冒三丈，大声骂道："你神经病啊！"小云一听，勃然大怒，上去扭住丈夫便厮打起来。就这样，一个好好的周末被破坏了不说，还极大地伤害了夫妻之间的感情。

小雨家也是这样的情形，但是小雨处理的方法与小云却有着天壤之别。小雨叫了丈夫几次之后，见丈夫没挪窝，便走到丈夫身边，轻声说："我知道你工作认真，但是也要注意身体。你可是咱们家的天呢！去沙发上躺一会好不好？我帮你按摩一下。"丈夫感激地拍拍小雨的手，略带歉意地说："好久没陪你了。今天孩子不在家，我们好好享受一下二人世界。"说着便将小雨抱了起来，两人度过了甜蜜的一天。

同样的情形，不同的说话方式，造成了截然不同的结果。小云和小雨的出发点是相同的，然而小云的话说得简单而又粗暴，激起了丈夫的反感；而小雨则说得委婉而又动听，一句句人情话直沁丈夫心田。小雨借着夸赞和关心丈夫的话，婉转地表达了自己的意思，试想，有哪个男人会冷落这样的妻子呢？

可见，无论什么人之间的相处，都要讲究沟通与交流的方式，夫妻关系也不例外。方式对了，夫妻关系才能和谐、融洽；方式不对，就很难实现彼此之间和谐的交流与完满的沟通。多说一些赞美、夸奖的人情话，多说一些关心体贴的知心语，夫妻关系才能甜蜜和谐。

谨记：即便是再亲密无间的夫妻之间也不能无所顾忌地"直言不讳"，讲究说话的方式与技巧，巧妙运用、灵活应对，才能避免发生不愉快的冲突，才能维持和谐融洽的夫妻关系。

人情话是同事关系的润滑剂

提起同事关系，大家想到最多的或许是那句话：职场如战场，同事便是竞争对手。其实，单纯地将同事定义为竞争对手是狭隘的，也是愚蠢的。当今社会，单凭一个人的力量不但无法获得成功，甚至可能寸步难行。职场其实不仅仅是竞技场，有时它更像一个大家庭，每个人在这个家庭中学习、成长，积累成功所需的一切技能、资源与人脉。所以，同事关系一定要相处好，职场之上，良好的人际关系是助你成功的一个重要法宝，同事之间的友好协作更是你晋升加薪、走上成功之路的有力保障。

与同事之间的相处，讲究和谐、融洽，这样不但可以令自己有一个舒心愉快的工作环境，还有利于工作的顺利开展，促进事业的发展。那么，怎样才能营造和谐、融洽的同事关系呢？注意说话方式是其中非常重要的一条。

人人都爱听好话，无论是赞美的话还是关心的话，只要足够真诚，就一定能说到对方的内心世界里去，从而让对方欣然接受。心理学家曾说："渴望被人赏识是人最基本的天性。"既然渴望赞美是每个人的天性，那

么我们就应该学会满足对方的这种天性。一句由衷的赞赏或真心的夸奖，便会令同事在欣喜之余，更感激你的好心与豁达。

小王发现同事琳琳一到办公室便气鼓鼓地坐在座位上，仔细一看，便明白了：琳琳剪了个男人头，她一定是因为不满意自己的发型，所以才暗生闷气的吧？于是小王装作不在意的样子，走到琳琳边上的饮水机处去倒水，然后像发现新大陆似的叫起来："哇！琳琳，你的新发型哪剪的？真好看！"

琳琳气呼呼地说："别提了！我叫理发的稍微剪短一点点就行了，他竟然帮我剪了个男人头！"

"难道没人跟你说其实你更适合剪短发吗？我看你这是因祸得福了，应该好好感谢那个理发的才是。"

琳琳疑惑地看着他，摸摸自己的头发，问："你不会为了宽慰我才故意这么说的吧？"

"怎么可能？真的很好看。"小王认真地端详着琳琳的头发，真诚地说。"你还记得奥黛丽·赫本的标志性短发吗？干练、利落，又不失活泼、俏丽。你剪了这短发，看起来还真有些像她呢！"

"我哪能和奥黛丽·赫本相提并论？"琳琳虽然知道这话有些言过其实，但还是很开心。她一扫原先的郁闷，笑着说："王哥，谢谢你。你这么一说，我的心情可好多了！你的报表做完了吗？没做的话我帮你做吧，反正都差不多，只要改两个数据就可以了。"

"看来感谢理发师傅的应该是我才对了！"小王戏谑地说，大家开心地笑了，办公室内一片暖意融融。

一句赞美，即便与工作无关，也能成为在彼此的心灵间架起桥梁的契机。其实说几句话不过是举手之劳，但却能让同事感受到你对他的关心与在意，可以令对方迅速对你产生好感。小王正是通过这样的方式，不但让他人排除了烦恼，也给自己带来了意料之外的惊喜。因此，身在职场，不妨让自己的心思变得细腻一些，观察同事最得意的地方，如穿衣品位、工作态度、爱好兴趣、办事效率，甚至他那让人羡慕的健康，等等，然后用赞赏的语气说出来，那样，定会让你在与同事的相处中如鱼得水、游刃有余。

当然，无论是赞美的话也好，关心的话也好，同事之间的人情话一定要注意一个原则：不可言过其实，否则就会令人听起来别有用心、另有所图。真诚是将人情话说到对方心中的最基本的要素。离开了真诚，人情话说得再漂亮，也会像一个没有了灵魂的美人一样，令人索然无味。

乡音是最动听的人情话

中国是一个乡土观念很重的国家，每一个地方，都有自己独特的文化意识、风俗习惯乃至礼仪人情，因此，老乡关系也就成为最具凝聚力与亲和力的人际交往的关系之一。"美不美，家乡水；亲不亲，故乡人。"巧妙地利用乡音作为纽带，建立人脉、扩大交际是每一个渴望成功的人应该学会的本领之一。

军阀混战时期，山西曾经流传着这样一句话："会说五台话，就把洋刀挂。"人称"山西王"的阎锡山就是一个很重乡情的人，因此他的手下大多数重要的职位都是由他的同乡所担任。重用和提拔同乡是当时割据的军阀的一个普遍现象，其实，无论在哪朝哪代，同乡都是一种不可忽视的人脉资源。尤其在当今因经济发展而导致人口流动的现代社会，人们常常需要背井离乡、四处漂泊，而同乡关系则是众多错综复杂的人际关系中最为温暖人心的关系之一。所以，"独在异乡为异客"的你，若是能够巧妙地以乡音打开同乡的心门，对你的人生和事业就一定会有很大的帮助。

孙建勇大学毕业后独自一人来到北京打工，人生地不熟，工作又常常遇到不顺心的事，因此十分苦闷。后来听说北京有许多温州人的同乡会，于是便在网上搜索，填写了个人资料，加入了一个同乡会。

第一次参加同乡会时，孙建勇还有些忐忑，生怕自己没地位、没背景，会受到排挤或歧视，就像在公司里遭到那些势利的同事看不起一样。但令他没想到的是，大家对他都十分热情。在这里，老乡关系就像一个牢不可破的纽带一样，将大家紧紧地联系在了一起。

更令孙健勇感到亲切的是，同乡聚会时，大家基本上都用家乡话一

起聊天、谈心，无形中更增加了几分亲近感。渐渐地，孙建勇不再那么忧郁了，生活和事业上遇到困难，经常和同乡们一起商量，大家帮他出谋划策、排忧解难，他渐渐地开朗了许多。

孙建勇的老乡们在北京的各行各业都有，他们各有所长，也各有门路。有一次，当孙建勇说起自己所在的公司是西北人开的，自己颇受排挤时，一个在北京某地产公司做总经理助理的老乡热心地对孙建勇说："不如来我们公司吧，大家一起发展。"

"我对地产行业不熟，能行吗？"孙建勇有些犹豫。

"别担心，不是还有我吗？"老乡爽快地说。

孙建勇因此获得了他人生最大的一个转机。几年后，他与这位老乡一起辞职，创办了自己的公司，在北京发展得很好。

难怪古人说"他乡遇故知"是人生的三大喜事之一，那亲切的乡音、熟悉的话语，在异乡的土地上特别具有打动人心的魅力。孙建勇是聪明的，也是幸运的，他巧妙地用乡音和乡情为自己打开了一扇成功的大门。

在中国，同乡关系是一种十分特殊的关系，也是非常重要的人际关系。据资料统计，有四成以上到外地求职打工的人是通过同乡关系找到工作的，很多大型企业更有按照地域招工的习惯。因此，拥有稳定、良好的同乡关系，用心经营好同乡人脉，就可以让同乡的帮助唾手可得，更为你的事业和人生添砖加瓦。

一般来说，离家越久的人对家乡的思念之情就会愈浓烈，假如此时听见熟悉的乡音，一定会倍感亲切，同时对说话的人也平添几分亲近感。因此，从这点上来说，"乡音就是最好的人情话"一点不假。无须刻意地修饰或润色，那熟悉的乡音就可以顺利打开对方的心门，拉近双方的距离。

当然，利用乡音时也要注意一点：不要在公共场合大肆用家乡话与他人打招呼或者交谈，否则很可能会弄巧成拙。因为在正式场合满口方言的人，不但会引来他人的侧目与不满，也会令同乡感到不自在而产生排斥感。记住，尊重别人的人才能获得他人的好感，无论他是否与你是同乡。

第五章

声情并茂，学会运用肢体语言

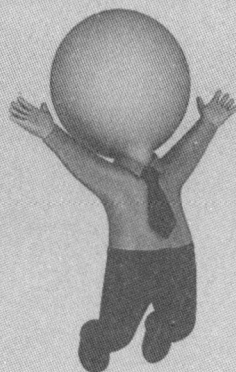

神情的交流，促进心灵的沟通

小军从小身体非常虚弱，常常被小朋友欺辱，为此妈妈总是带着他去锻炼身体，希望通过锻炼能增强他的体质，七八年来一直坚持着，从来没有放松过。但是时至15岁的小军一点也没有变强壮，常常被同学们耻笑为：一颗弱不禁风的小草。班上一些女同学还开玩笑地说，要保护小军。

为此，小军常常感觉抬不起头来。在这次学校举行的运动会上，小军发誓一定要证明给全班同学看，自己是铁骨铮铮的男子汉。妈妈是学校的老师，也为小军鼓励加油。小军报了2000米的长跑，他觉得他应该没问题，毕竟有七八年的锻炼了。

比赛当天，小军信心十足。一开始他就把别的同学远远落在了后面，可是渐渐地，他感觉有些支持不住了。两条腿像灌了铅一样，怎么也迈不动，后面的同学渐渐地赶上来了。突然间，小军一个趔趄摔倒在跑道上。他实在跑不动了。

就在他打算要放弃的时候，突然耳边传来了妈妈的加油声。小军挣扎着爬起来，一抬头的瞬间，看到不远处妈妈期待的眼神，熟悉的加油声。"小军，爬起来，坚持下去，不要让别人看不起。"听到妈妈的这句话后，小军浑身充满了力量，他一跃而起，迅速追了过去。就在最后的三秒钟，小军抢先碰到了终点线。小军赢得了最后的冠军。

从那之后，再也没有同学嘲笑小军了。他成了班里的大英雄。

当一个人在软弱的时候，需要别人的鼓励和加油。尽管或许不会说什么，仅仅一个期待的眼神就足以让对方为之振奋，从而有了继续坚持下去的理由。在人与人交往的过程中，用肢体传达信息扮演着非常重要的角色，尤其是面部表情的交流直接连通着心灵的沟通。除了会观察别人的表情之外，还要会用面部表情表达内心的感受。所以，对于18岁以后的年轻人来说，鼓励别人帮助别人才能获得更多的朋友，才能使身边的关系更加融洽。那么，到底该如何用深情来和对方进行心灵的交流呢？

1. 用微笑表达开心

一般情况下，一个人微笑表示这个人内心很愉悦，很开心。所以，在表达自己开心的时候，要微笑。在人际交往中，如果你感觉到和对方交往让你的心情舒畅，那么就给对方一个微笑。别人从你的微笑中获得了被肯定的信息，和你的交往和谈话就会继续进行下去。这说明双方的交流进行得很顺畅。被别人肯定是件愉悦的事情，对方内心愉悦，把这份快乐反过来反馈给你。如此一来，双方在传递彼此快乐的同时，获得心灵的沟通。一般情况下，这是正常，也是成熟的交往方式。

2. 用眼神表达悲伤

当一个人内心深处不愉快的时候，往往是从表情上传递出来，更准确地说应该是从眼神中流露出来。俗话说眼睛是心灵的窗户。尤其是悲伤和绝望的时候，眼神伪装不了，也掩饰不了。所以当你和别人交往当中，如果发现对方的眼神中流露出悲伤和绝望的眼神的时候，那么对方内心深处一定有什么事情，这时候要及时地给予帮助和安慰。同样，当你遭受生活的挫败和命运的挫折后，内心的失望和悲伤往往需要有人来分担，这时候如果有人在你身边倾听你的倾诉，安慰你，你一定会心存感激。

3. 用嘴巴表达拒绝

很多时候，当一个人内心深处对某个人、某件事不满意的时候，往往会保持沉默，以此来表示拒绝。当你和别人交流的过程中，如果发现对方始终没有过多的热情，始终保持沉默，不怎么说话，那么你就要注意了：有可能是你所说的话，或者所持有的观点引起了对方内心深处的不满，对方在用沉默来抗拒你。这时候一定要及时解开对方心中的疙瘩。当然如果你对别人说的话，或者是做的事不满意，又不好意思直接拒绝的时候，不妨采用沉默的方式，让对方感觉到你的不满。这就是所说的用嘴巴表示拒绝。

丰富的表情，让表达更有吸引力

为了庆祝国庆，医院组织了"中国十月"的演讲比赛，刚刚大学毕业分配到医院的小宇也积极报了名。在经过一番精心的准备之后，很快到了演讲比赛的日子。小宇镇定自若的走上台去，做了一个独具匠心的开场白。

她的声音抑扬顿挫，时而低沉、时而高昂，听众的感情在她的引领下跌宕起伏，而且她的面部表情非常丰富，观众也被深深地感染。以至于在她的演讲进入高潮的时候，全场的听众居然不约而同的站起来为她鼓掌，为她欢呼。即使她的演讲已经结束了，可是听众还滞留在她演讲时的状态下不能自拔。

这次演讲比赛，小宇得了冠军。她丰富的面部表情将情感宣泄得恰到好处，不仅深深地吸引了听众，还吸引了台上的评委，以至于从她之后，评委们评判别的选手的时候都会情不自禁地以她为标准。

人内心深处的情感变化，完全可以通过面部表情表达出来。所以在表达自己的时候，尽量学会用肢体语言，尤其是通过面部表情来表达内心的渴望、需求以及感受。这样，伴随着绘声绘色的语言表述，将情感宣泄得淋漓尽致。别人会被你深深的吸引，从而获得更多的朋友，更加通达的营建了人脉关系。所以，18岁以后的年轻人要学会丰富自己的面部表情，让表达更加的圆润动听。那么，到底如何才能让自己的表情更加丰富，表达更加有吸引力呢？以下几点值得借鉴和参考。

1. 了解各种情绪的表达方式

面部表情的变化是内心情绪的晴雨表。要想让自己有丰富的面部表情，在表达的时候绘声绘色，那么就要有必要了解各种情绪的表达方式。比如有人受了伤害，感觉很痛苦，他会眉头紧锁，嘴角下拉，或者是痛哭流涕，还有可能是目光呆滞，沉默不说话，等等。这些不同表情的变化都表明对方非常的痛苦。所以了解了这些基本的表达情绪的表情之后，在你有这种情绪需要表达的时候，就会采取多种方式。这样一来，你的面部表情就会丰富多彩，在辅助语言完成表达情感和传递信息的时候，就会绘声绘色，将别人的注意力牢牢抓住。所以，了解别人的情绪表达方式，就是学习和掌握用不同的表情来表达不同的情绪。人有很强的模仿力，模仿也是学习最直接的方式。要想有丰富的面部表情，不妨先从了解别人的各种不同情绪表达方式开始。

2. 观察出现各种表情的条件

外部的条件往往制约和影响了各种情绪，所以，有必要观察和了解出现各种表情的外部条件。比如对方非常开心，眉开眼笑，那么就要观察了解为什么以眉开眼笑的方式表达快乐？为什么不以别的方式来表达？比如开怀大笑，或者是谈笑风生，等等。当你观察了解了对方眉开眼笑的各种条件之后，你就会明白，什么程度的快乐需要眉开眼笑，什么程度的快乐需要开怀大笑。当你明白了这些之后，就会根据快乐的不同，采用不同的方式来表达，而不是只顾一个劲傻笑。这样一来，别人就会根据你不同的表情来感受你不同的情感变化。当别人被你丰富多彩的表达方式深深吸引住的时候，就是你成功应用面部表情传达信息的时候。

3. 练习拿捏各种表情的表达

要想让自己的表情变化丰富多彩，光靠观察和了解是远远不够的，关键是要练习和掌握。所以，在平日里，多练习用各种不同的表情来表达不同程度的情绪，让自己的表情变化得到恰到好处的表现机会。比如，表达幸福，有时候只需要一个满足的眼神，有时候还需要一个甜甜的微笑，有时候还要有憧憬。那么，就要明白了，用一个满足的眼神能表达什么程度上的幸福，甜甜的微笑会在什么程度上出现才合适等。对各种表情出现的程度一定要拿捏准确，否则会给别人传递错误的信息。所以，要多练习各种表情的表达和拿捏，让自己的情绪表达恰到好处。这对18岁以后的年轻人来说尤其重要，直接关系着是否能营建良好的人际关系和人脉，对学习工作，以及事业发展有很深的影响。

适当的手势，为表达锦上添花

王亮和张凯都是某大学电子系大二的学生。他们对国学非常感兴趣，所以经常抽时间去听课。国学教授是个50岁出头的学者，他非常喜欢别的院系的学生前来听课，并且在课间经常辅导他们。可奇怪的是，王亮和国学教授交流的非常好，可是张凯交谈一次之后，就再也没有获得这样的机会。尽管张凯对国学的热衷程度要高于王亮很多。这到底是怎么回事呢？原来这与他们两人在交流时的手势有关系。

每次国学教授和王亮交流的时候，王亮总是在表达自己观点的时候，很恭敬，在发表不同意见的时候，总是伸开胳膊，伸开双手，显得非常开放。所以尽管在一些问题上，有不同的看法，但是国学大师依然很欣赏他。但是张凯就不同了，总是把胳膊交叉，抱在胸前，给人以拒人千里的感觉。难怪国学大师不喜欢他。尽管王凯对国学很有见地，但是错误的肢体语言让别人不喜欢他，从而拒绝与他交流。

在人与人交往当中，适当的手势能辅助语言的表达，甚至比语言表达得更准确，因为人的语言或许会有假，但是身体是不会说谎的。所以，在人际交往中，身体语言能传达真实的内心情感。尤其是手势，能准确地反映人物内心的真实变化，所以，一定要多注意手势的表达，避免错误的手势传达错误的信息。尤其在与人交流中，对方关注你的眼神的同时，还会关注你的手。那么，对于18岁以后的年轻人来说，到底如何适当的应用手势来传达信息呢？

1.手势的使用要合乎惯例

在使用手势的时候，一定要注意，你所使用的手势是大家都认可和知晓的，这样，你使用了手势才能准确地传达你想要传达的意思。否则，你使用的手势别人看不懂，不但不能将你所表达的意思传递给对方，还可能会因此而引起误会，引来不必要的麻烦。比如介绍的手势、指示方向的手势、请的手势、鼓掌的手势等，都有其约定俗成的动作和要求，不能自己想当然的乱加使用。一般情况下，当看到自己不了解的手势时，大多数人都会保持沉默，以待观察，或者是从对方的口头语中获得相应的信息。但是有时候，有些人会误解你的意思，从而做出错误的决定，引为笑柄，对方丢丑自然会对你恨之入骨。

2. 手势的使用要适度

在使用手势表达的时候，要适度，不能不用，也不能滥用。有的人在与人交流的时候，两只手总是安静的待着，动也不动。这给别人一种不舒服的感觉。事实上，人在交流的时候，别人会观察你的身体语言，除了眼神外，还会观察你的手。所以，在社交的时候，要适当的使用手势语。当然，也不能滥用、乱用。不管做什么都要有个度，如果过度了，就会给别人带来压力，同样，使用手语也是一样的，比如说，握手表示欢迎，可是有的人一见面就跟你握，而且握住还不放手。试想一个人一天之内跟你见三次，还要跟你握三次手，而且每次握住都不放，谁能受得了。所以，手势语的使用要有个度，不能不用，也不能过滥。

3. 手势的使用要避免"雷"区

手势语的使用也有很多的忌讳。如果不了解，就会给别人带来不好的印象，给人际交往蒙上阴影。所以，有必要掌握一些手势语使用的禁忌。在介绍某人或为他人指路的时候，要使用手掌，四指并拢，而且还需要掌心向上，这样会给别人一种受尊重的感觉。当然不能用手指对别人指指点点。生活中很多人总是在不经意间用食指指人，这是非常不礼貌的做法。在与人交流中，手势的幅度不宜过大，更不要手舞足蹈。一般情况下，手势上界不应该超过对方的视线，下界不低于自己的胸区，左右摆的范围不要太宽，应在人的胸前或右方进行。和对方第一次见面的时候，避免抓头发、玩饰物、掏鼻孔、剔牙齿、抬腕看表、高兴时拉袖子等粗鲁的手势动作。总之，在使用手势语的时候，要多了解禁忌，避免因为自己的不了解而让人产生误会。这对18岁以后的年轻人来说非常重要。

舒服的打扮、好印象，让交流更顺畅

小慧人长得非常漂亮，但是在衣着打扮上却很随意。她总是觉得没有必要为了世俗的审美观而浪费自己的时间。

一次，为了贴补家用，小慧决定开一家出售天然化妆品的商店。但是开这样一家小店需要2万块钱的资金。她没有足够的钱，于是小慧决定向银行贷款。这天，小慧上身穿一件旧T恤衫，下身穿一条洗得发白的牛仔裤，来到了银行。

当她把自己想要贷款的要求提出来之后，一位经理接见了她。等她陈述完之后，经理认真地从头到脚看了她一遍，二话没说，拒绝了她的要求。小慧沮丧地回到家，她男朋友说："银行是一个投资机构，不是救济所，在这里，T恤衫和牛仔裤是没有说服力的。"

随后，在男朋友的陪同下，他们去购买了西装，还写了可行性报告，另附有预估的损益表及一大叠文件附页，连同自家的房产证，都装在一只精美的塑料卷宗夹里。这次，他们没费口舌就得到了贷款。

心理学家研究发现，第一印象7秒钟可以保持7年，一旦形成，就很难改变，由此可见，形象对一个人来说多么的重要。事实上，很多时候，人都是通过外表来获得第一手的感官印象。一个人究竟是好人还是坏人，基本上都是从相貌看起的。一般情况下，人对感觉好的人，愿意多接触，对感觉不好的人，不愿意多接触。所以，千万别忽略自己的形象，它会给你带来人缘、机遇和财富。所以，18岁以后的年轻人，在社交的时候一定要多注意自己的形象。那么，在具体的操作中到底该怎么做呢？

1.穿着搭配要和谐

"和谐就是美"，一个人的长相是没办法选择的，但是一个人的气质是可以塑造的。其中，气质的塑造除了一个人本身的学识修养和气场外，还要靠服装来装饰。在穿着打扮的时候，搭配一定要和谐。衣服和裤子搭配要和谐，鞋子和服装搭配要和谐。红衣服搭配个紫色的裤子自然不怎么好看，西服搭配运动裤也没有美感。所以搭配不但款式要讲究和谐，颜色也要讲究和谐。除此之外，男人还需要注意衬衣和领带以及和西服之间颜色和款式的和谐。女人要注意身材和款式之间的和谐，身材胖者，多穿宽松一些的款式，身材瘦者，可以穿紧身一些的款式。总之，不管怎么穿，要总体看起来和谐。因为和谐能给人一种美的感觉，这种感觉往往会让对方觉得你的人脉是否广，人际关系是否和谐。

2. 要注意个人卫生

个人卫生对一个人的形象的影响也非常重要。很难想象，一个蓬头垢面的人能带来好的人脉关系。相反，大多数人都不喜欢和肮脏、邋遢的人说话和交往。所以，一定要多注意个人卫生。平日的衣服要一周洗两次，贴身的衣物要保证每天清洗。当然，每天要保持洗澡的好习惯。鞋子出门前一定要记得打油，如果是运动鞋，或者是布鞋，一定要洗干净。头发和脖子要勤洗，尤其是一些平时不注意的死角，要清洗干净。耳朵也要经常清洗，最好是每次洗脸的时候，清洗一遍。指甲要勤剪，指甲缝里要保持干净，不能藏污纳垢。同时手也要清洗干净。在人际交往中，良好的个人卫生往往能给人一种耳目一新的感觉。

3. 随同环境而改变

和谐的打扮除了服装的选择要与自己相符之外，还要与具体的环境和谐。也就是说，穿着打扮要与具体的环境相适应。比如在运动会上，就需要穿运动服，至少应该是相对宽松的服装，有利于运动，如果穿西服或者是裙子就会与周围的环境格格不入。当然在婚礼上，或者是重要的宴会上，就需要穿相对正式一些的服装，如果穿个短裤出现，不但是对主人的不尊重，还会因此成为大家的笑料。所以，穿服装的时候一定要根据不同的环境穿不同的衣服。当然还包括根据气温的改变而改变着装。如果天气很冷了，还穿短袖，或者是天气很热了，还穿棉衣，就与周围的环境不相符合。

坐相和站相，反映涵养和修为

王雪娜大学毕业后，在一家杂志社上班。最近单位安排她去采访一位重要的企业家。刚开始，预约了对方，而且见了面聊得非常投机，但是不知怎么的，聊着聊着，企业家脸色大变，对王雪娜表现出了明显的厌恶情绪。最后找了个借口，拒绝采访继续进行下去。

王雪娜如丈二和尚摸不着头脑，不知道自己到底怎么了，惹对方生这么大的气。事实上，王雪娜并没有说错什么，只是她的一些举止太过随意，让企业家实在看不下去了，从而产生了厌恶情绪，最终终止了采访。

原来，那天天气非常的热，王雪娜穿着连衣裙，气质非常好。但是在采访中，王雪娜竟然拿起裙子的前摆当作扇子扇起风来。更让人接受不了的是，她翘着二郎腿，再加上拽着裙子的前摆太紧，把一边的内裤露在了外面。

企业家忍耐着不发作，几次暗示王雪娜，可是王雪娜根本没有注意到企业家的暗示，而且把裙子的前摆拽得更紧，内裤无疑中露得更多。这给企业家留下了非常糟糕的印象，因为在他的眼里，王雪娜轻佻、风骚，是对他的侮辱。

"坐有坐相，站有站相"是对一个人行为的基本要求，尤其是人际交往当中。一个站姿或者是坐姿的不雅观，往往会让人望而却步。可以这么说，一个人的站相和坐相能反映出一个人的涵养和修为。一个人站有站相，坐有坐相，最起码是对对方的尊重，试想一个连尊重别人都不懂的人，怎么可能有涵养，有修为呢？所以，在人际交往当中，一定要注意了，要坐就要规规矩矩的坐着，要站就要老老实实的站着，一个对自己认真的人，才会对生活认真，而一个对生活认真的人，才会对别人认真。那么，在生活中，到底怎样做才算是"坐有坐相，站有站相"呢？

1.坐要坐的稳重

在人际交往当中，双方入座交谈是避免不了的事情，因此一个人的坐姿对于交谈是否能顺利进行有着至关重要的作用。入座的时候，动作一定要轻、要缓，如果去拜访对方，别人请你坐，一定要表示感谢。入座后，尽量坐端正，脊柱向上伸直，胸乳前挺，把两脚平行放好，眼睛自然向前平视。这样能让别人觉得你很重视和对方的交谈。两脚平列或前后稍稍分开双手轻轻搭放在沙发扶手上或双手相交，搁在大腿上，坐下之后，如果对方暂时有事离开了，不要左顾右盼，也不要低头看自己的脚尖，以免给别人留下轻浮的感觉。坐姿中能看出人的性格，所以如果是初次交流，尽量要学会守规矩，要表现的沉稳一些。这样才会给别人留下比较好的印象，为营建良好的人际关系添砖加瓦。

2. 站要站的端庄

站立能展现一个人的形象气质。一个人有了良好的气质，会赢得良好的人际关系。所以站立的时候，身体自然直立，挺胸收腹，让身体的各部分尽量的舒展。头要保持中立，不能东偏西歪，脖子也要自然，不要往前伸，两肩尽量保持平稳，胯不能松弛，膝盖不要弯曲。在会见客人的时候，或者是有长辈在场时，要把双手自然下垂，女士两手相扣，自然放在小肚前，表示对对方的谦恭。这时候最忌将手交叉抱在胸前，因为这表示着一种傲慢和无理，把手放在后面也不合适，两手叉腰就更不合适了，表达了对对方的挑衅。当然也不要把手放在裤兜里，这样同样是对对方的不尊重。

3. 要大气又不失风采

不管是坐着，还是站立，都要展现出大气而又有礼数的形象，给对方留下好印象。好印象是成功社交的前提和保障。有的人一味的保守，坐在沙发上一动不动，难免会给对方留下呆滞的不良感觉，同时还会使交谈的双方徒增拘谨，不利于交流的正常进行。而有些人总是坐不住，稍微时间长一些，就开始不断的抖动双腿，或者是身体前倾，把腿叉开以便支撑，更有甚者躺在沙发上。这样，都给对方一种极不被尊重的感觉。别人心中对你产生了不满，自然交流也就不能顺利进行。有的人对站立姿势很不注意，不但双腿分得很大，而且还故意腆着肚子，有的把一条腿吊起来，重心放在另外一条腿上。这些姿势也是很不雅观。不论是站或者是坐，都要彰显大气而又不失礼节。这样，双方的交流才能在愉悦的感觉中进行。

下意识的小动作是内心的真正体现

小刘是某广告公司的销售员。一次，他去拜访一个公司的总经理。在办公室里，对方热情的接待了他，随后二人开始了交谈。

在交谈中，小刘的双腿总是不停地抖动，让总经理感觉极不舒服，总经理的注意力全部集中到了小刘抖动的双腿上，根本没有听到他说的话，等他说完了，总经理一脸的茫然。总经理抱歉地笑了笑说："你能再说一遍吗？我刚才没有听清楚。"

于是，小刘又开始谈了一遍。这次总经理将注意力集中起来，听小刘说。小刘说话的时候，总是带口头禅"以后"，说一句话一个以后，说两句话一个"以后"，总经理的注意力又被"以后"所吸引。等他阐述完第二遍的时候，总经理依然没有弄明白他在说什么。

最后，总经理委婉地告诉他："你的产品我了解了，回头我联系你吧。"从那之后，小刘再也没有见过总经理，自然合作的事情也就不可能了。

在与人沟通中，很多时候，一些不经意间的小动作往往会毁了我们的形象，这些平时觉得无所谓，但是在关键时候就会成为致命的"杀手"。所以，千万不可小看这些不起眼的小动作。在平时的工作和学习中，要尽量避免各种不良的生活习惯，如果发现，要尽早的改正，以免影响你的人脉和正常的人际交往。对于18岁以后的年轻人来说，形象往往对于一个人来说非常的重要，要尽量改正下意识的小动作。那么在生活中，改正这些不良小动作，有什么方法和技巧呢？

1.适当的学习社交礼仪

到底怎样说话是对的，怎样说话是错的，怎样坐立能赢得别人的好感，怎样坐立会拒人于千里之外。这些具体的标准和行为准则，除了从小从父母的言传身教中学到一部分外，还需要通过另外的途径来获得。如果有些家长本身就有很多的毛病，无形之中就会影响孩子。所以，要想根本杜绝这些不良的小习惯，有必要对社交礼仪进行一个系统的学习。通过系统的学习，年轻人才会发现自身的问题，从而改正这些问题。所以，适当的学习社交礼仪，是改正不良小动作的好办法。18岁以后的年轻人要想让自己的形象永远保持良好，不妨学习一下社交礼仪。

2. 不间断地请人帮助检测

正所谓"当局者迷，旁观者清"，一般人都很难发现自身存在的问题。所以，一些自己认为是正确的小动作也就被认可了。再加上平日里，谁也不会为了一个小动作而较劲，这样，就给那些下意识的小动作酝酿了生存的空间。但是，在关键时候就会坏事。所以，要想纠正自身的问题，不妨请一个身边的朋友或者是家人给你指出来。当然这时候要明白，别人挑你的毛病是为了帮助你。当你的那些下意识的小动作被挑出来，一一改正了之后，在说话做事的时候就不会因此而损毁自己的形象。当然在改正老毛病的同时，不能养成新的毛病，否则更正自身的小动作就会失去价值和意义。

3. 要养成良好的生活习惯

俗话说"习惯成自然"，平日里不注意自己的言行，觉得说一句不合适的话，或者是做一件不合适的事情无所谓，大不了以后不做就是了。可是当你每次有这样的心理，时间久了，就会形成习惯。有些时候这些不好的习惯会在不经意间蹦出来，或者是因为条件反射，随口说出来了。所以，要想让这些下意识的小动作不沾在自己身上，那么就要养成良好的生活习惯，不要寻找借口，而要坚决杜绝。比如说脏话，有的人觉得说一次没什么，说两次没什么，可是渐渐发现，自己改变不了随口说脏话的毛病了。试想，当你在关键时候，冷不丁冒出一句脏话来，别人会怎么看你？你的形象能不受损吗？所以，要养成良好的生活习惯，不要给自己找借口去培养不良的小动作。

第六章

声音魅力：让对方听得十分舒心

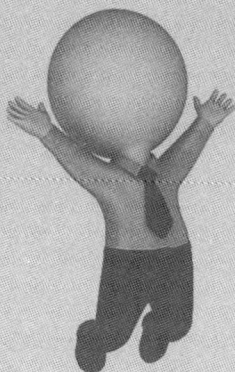

让你的声音优美悦耳

在日常生活中，我们经常听见别人说话，发现他们的发音异常优美，声音珠圆玉润，说起来朗朗上口，听起来也是十分悦耳。我们在听他们讲话的时候，会不知不觉地受他的声音感染，对他的讲话本身产生一种兴趣。如果一个人能拥有优美的发音，那么对他的讲话成功有很大的帮助，因为听众是靠听觉来辨别的，一个发音优美和一个带着蹩脚方言的口音相比，前者一定是比较吸引人的。而这就需要从汉语的语音开始慢慢培养自己的优美发音。

领导讲话如果不是针对少数的人，一般来说，都是需要讲普通话的，这就需要从发音和正音两个方面来学习。发音准确是语音学习最基本的要求。发音是否准确与听音、辨音的能力有关，所以首先要提高语音的分辨力。在掌握了正确发音的基础上，还要通过反复练习，达到完全熟练的程度，才能做到语音优美。正音是指掌握汉字、词语的标准读音，纠正受方言影响产生的偏离普通话的语音习惯，这属于一种记忆的训练。

一般来说，我们所认为的发音优美，就是能够发音正确、清晰、优美，在涉及很多词汇的时候，要流利、准确、易懂，语调也要贴切、自然、动情。下面我们就这几个方面仔细来介绍一下。

一、如何使你发音正确、清晰、优美

有的人在说话的时候，能准确地表达出丰富多彩的思想感情，而且声音悦耳动听，清澈自然。其实，每个人都有自己的发音技巧，我们只需要在讲话的时候，努力使自己的发音达到最佳状态。

领导在很多公众场合，免不了作一些演讲，这就需要吐字正确清楚，语气得当，节奏自然；声音也要够宏亮，悦耳动听，铿锵有力；要富于变化，区分出轻重缓急，要随着演讲情感的变化而变化。除此之外，领导讲话的时候，有可能面对的是几十人，甚至上百人，上千人，所以你的声音要有一定的传达力和穿透力，要使在场的听众都能听得真切、听得明白。而很多领导在实际讲话的场合，会由于紧张或者其他什么原因，导致自己声音颤抖，飘忽不定，或者音节模糊，还夹杂着喘气的声息；或者声音忽高忽低，生硬呆板，出现这样的发音问题，都会影响听众对你讲话内容的理解。那么，如何来避免这样一些问题呢？

1. 字正腔圆

我们常常形容一个人发音准确，就会用到"字正腔圆"这个词语。字正，这是讲话的基本要求，要求读准字音，读音要响亮，送音要洪亮。这就需要在讲话的时候，要符合声母、韵母、声调、音节、音变的标准，不要误读，另外还要避开一些方言发音的影响。领导作为公众人物，如果在公众场合不小心误读了某个字，发错了某个音，那就会直接影响领导者的声誉和威信，降低听众对你的信任感。腔圆，就是说话的时候，声音要圆润清凉、婉转甜美，富于音乐美。发言准确，音色甜美，这样才能做到真正地字正腔圆。

2. 注意断句

有时候，我们在讲话的时候，会遇到很多单音节和多音节词语。如果仅仅是单音节词语，我们可能不会割裂开了分读，但是如果是面对多音节词语，把它割裂开来就有可能引起歧义。特别是在领导拿着讲稿作公众演讲的时候，事先也没有经过练习，就会不自觉地错误地把多音节词语割裂开来，结果引得下面听众哄堂大笑。

3. 搭配音韵

讲话要特别讲究声调、声韵，才能使你的声音产生出抑扬顿挫的美感。有的领导讲话平仄错落有致，悦耳动听，下面听众也乐于听这样的领导讲话。如果能够起到这样的效果，那就只有在讲话的时候，注意一些双音节变化、押韵、平仄相间。

我们不难发现，很多单音节词显得复杂，意义深刻，这时候如果变成双音节，那就通俗易懂了，也极具音乐美；在讲话的时候，还要注意押

韵，能产生一种声音的回环美与和谐美，说起来琅琅上口，听起来也悦耳；讲话只有注意平仄，才能使你的话语高低起伏不断，做到声情并茂，增强你讲话的感染力。

二、如何使你声音宏亮、饱满、有力

领导在台上讲话，所面对的是几十个甚至几百个听众，这就需要你的声音洪亮、饱满，这样才能使下面的听众听得更清楚。如何使自己的声音更饱满、洪亮？有的人在讲话的时候感觉说话费劲，声音传不远，大致有两个原因：其一是没有充分利用共鸣器官；其二是气息不稳。

1. 共鸣腔

我们平时说话都是靠两片声带的震动而发出声音，声音在震动之后经过了咽、喉、口腔、鼻腔、胸腔等这些空间被逐渐修饰、放大，形成自己的声音风格，最终传达到听众的耳朵里。在日常生活中，我们在对别人说悄悄话的时候，就没有震动声带，仅仅依靠气息的摩擦，没有利用共鸣腔，所以不会发出声音来。但是，有的人在说话的时候，一味地追求声音洪亮，靠声带的强烈震动，就只能造成声带充血，声音也会变得嘶哑。

其实，使自己的声音洪亮、饱满、有力，并不需要太多的技巧，只要你在平时，注意放松自己的心情，另外多做一些声音的练习。这样，时间久了，你在讲话的时候，就能充分利用共鸣腔来发音了。

2. 气息

发音靠震动，震动靠气息，如果你要使自己声音洪亮，中气十足，就要有饱满的气息。呼吸要深入、持久，要随时保持一定的呼吸压力。如何使自己在讲话的时候，保持气息平稳。那你在平时可以多做一些有关深吸缓呼的练习，最好在练习说话的时候采用站立的姿势。因为只有站着，才容易寻找到呼吸状态；如果你硬要坐的话，也要坐直，上身微微前倾。另外，在运用气息的时候，千万不要"泄气"，要使自己的呼吸压力缓缓释放，并且要善于运用嘴唇把气拢住，这样来保持胸腹和嘴唇的压力平衡。

修正不当的发音缺陷

在生活中，我们常见的发音缺陷有用鼻音说话，说话的时候使用尖音，声音沙哑，含糊不清，声音单调乏味，语速太慢或太快，这些都很容易影响讲话者的语言表达效果。作为一个经常在公众面前讲话的领导，必须要修正这些不适当的发音，克服自己的发音缺陷。

1. 鼻音

如果你用大拇指和食指捏住你的鼻子，然后发出"厄……哼……嗯"这三个音节，你的手指便会感到发音所引起的鼻部的点点颤动，这就是鼻音。有时候，因为你发音部位不准确，就会不小心发出鼻音来，用鼻音说话很容易给人装腔作势、扭扭捏捏的感觉，这是一个损坏个人讲话形象的发音缺点。

为了避免用鼻音讲话，你讲话的时候嘴巴要张开，上下齿间要保持半厘米的距离，而不是像两列玉米一样紧紧靠合在一起，那样不利于发出清晰的声音，这时候你要用胸部产生共鸣。

2. 尖音

生活中常见的尖音，就是提高嗓门唤小孩子发出的刺耳的声音。如果讲话音尖，你的血管和肌腱就会像绳索一样凸起，下颚附近的肌肉也会紧张，这样的声音听起来就是十分尖锐，非常刺耳，在讲话过程中发出这样的声音，是极为不雅的。

尖音比鼻音还要难听，而克服尖音，首先就要努力减轻你的生理紧张，心理平静坦然，并放松你的下颚、舌头、嘴巴、声带，同时要注意讲话语调的平稳，不要一下子提高嗓门，否则，就会出现尖音。

3. 低语

有语言学家说，低语是声音的鬼魂，就是丧失了大部分语调和共鸣的声音。领导讲话需要的是浑厚、响亮的声音，而不是丝丝低语。你可以将自己的手指放在喉头上，以正常音量说一两句话，要完全没有颤动感，没有嗡嗡声，这就是用低语讲话。像没有人的时候自言自语，或是佛前祈祷

都是用的低语。

如果用低语说话，就会经常把语句中整个音节省略，使人听起来昏昏欲睡。讲话的时候要尽可能打开自己的胸腔，产生共鸣的声音，有颤动感，声音就会变得洪亮。

4. 沙哑

如果不是因为感冒、抽烟或其他疾病，声音沙哑是不适当的呼吸造成的。你讲话的时候，由于气流作用于声带的强度过大，使声音很疲劳，声音就会沙哑。

你可以在平时的生活中，注意吸气和呼气的正确方法。另外，在讲话之前不要喝刺激性的饮料，喝少量的牛奶，可以润嗓。事先为自己准备一杯白开水，以防自己讲得口干舌燥的时候，可以用来滋润一下嗓子。

5. 含糊不清

有的人在讲话的时候，就像是嘴里含了一个东西一样含混不清，说出来的一句句话，一个个词，一个个字都像是粘在一块了，有时候整个字词都省掉了，这样的人讲话的时候嘴唇好像不大动。人们常常把这种咬字不清、发音低浊、语言含糊的说话者称为嗫嚅者。

在平时的生活中，可以花一点时间来大声阅读一段话、或一些词语，注意要把嘴巴张开，使声带里发出字正腔圆的声音来，尽量把每一个字咬清楚，练习时间长了，就会有所好转。

6. 单调

有的人讲话声音单调乏味，听起来像个节拍器"嗒、嗒、嗒"或漏水的水龙头"滴、滴、滴"，像机器人说话没有音调的变化，没有色彩。正常的声音包括 2 ~ 20 个音符的音阶，而讲话单调的音符大概不超过 5 个。

平时讲话的时候，就应该注意音调的变化，要区分出重音和轻音，该重的时候要发音重一点，该轻声的时候一定要轻。另外，要根据感情色彩的变化，适当调整语调的快慢，这样声音听起来才会抑扬顿挫，打动人心。

7.语速

讲话太快或太慢，都会让人听起来不舒服。讲话太快会让人觉得太紧张，喘不过气来；而讲话太慢又让人昏昏欲睡。讲话的速度不宜太快，亦不宜太慢。其实讲话太快使听的人不易应付。有些人以为讲话快些，可以节省时间，而且自己也容易疲倦。而讲话的目的，在于让对方理解你所表达的意思，并不是为了尽快地讲完想要表达的内容。另外，不管是讲话的人，或者是听话的人，都必须进行思考，否则，不能确切把握讲话的内容。当然讲话太慢，也是不对的，一方面浪费时间；另一方面会使听的人感觉不耐烦。

正常的语速在不同的情况下有不同的标准。中央人民广播电台播音员的速度为每分钟350字左右；教师课堂讲课以每分钟200～250字为宜；平时说话的速度不宜固定，如果不包括增加效果的停顿和情绪变化的影响，一般比朗读慢一些，每分钟60字左右。

吐字发声的练习方法

在很多时候，说话的声音如何，会在一定程度上影响到说话的效果。有的人说话的时候，声音饱满圆润、悦耳动听，听者自然会喜欢听；而有的人在说话的时候，声音干瘪沙哑，甚至模糊不清，这就惹得下面的听众生厌。

一个经常与人聊天说话的人，如果拥有一副好嗓子，一腔悦耳动听的声音，那无疑是为自己讲话成功省了不少的力。其实，每个人的声音状况如何，并不是天生决定的，是可以靠后天练习而成的。练习声音是个人的声音训练，它主要包括三个步骤：练气、练声、练习吐字。

一、练气

俗话说练声先练气，气息是人体发声的动力，它与发声有着较为直接的关系。如果你气不足，就显得声音无力；如果你用力过猛，这样又会有损声带。所以我们练声，首先要学会练气。练气主要是掌握吸气和呼气的

技巧，练气的方法很多，下面我们就简单地介绍几种。

1. 深呼吸法

你先慢慢地用鼻孔吸气，使肺的下部充满空气。吸气过程中，由于胸廓向上抬，腹部会慢慢鼓起。然后再继续吸气，使肺的上部也充满空气，这个过程一般需要5秒钟，你可以屏住呼吸5秒钟。

经过一段时间的练习，可以将屏气时间增加为10秒，甚至更多。肺部吸足氧气后，再慢慢吐气，肋骨和胸骨渐渐回到原来的位置。停顿一两秒钟后，再从头开始，反复10分钟。练习时间长了，能成为一种正常的呼吸方法。

2. 静呼吸法

将右手大拇指按住一个鼻孔，慢慢地由另一个鼻孔深呼吸，有意识地想象空气是朝前额流去的。当肺部空气饱和时，用右手的食指和中指把深呼吸的那个鼻孔按住，屏气10秒钟再呼出。如此之后，换另一个鼻孔，再做一次这样的练习。

3. 睡眠呼吸法

休息时躺在床上，两手平放在身体两侧，闭上眼睛开始做深呼吸。慢慢抬起双臂举过头部，紧贴两耳，手指触床头。这一过程约10秒钟，双臂同时还原，反复10次。

4. 运动呼吸法

在行走或是慢跑中主动加大呼吸量，慢吸快呼，慢吸时随着吸气将胸廓慢慢地拉大，呼出要快。每次锻炼不要少于20次，每天可若干次。

二、练声

人们的声音是通过气流振动声带而发出的，所以，练声对于声音的练习也是相当重要的。但是在练声之前要做一些准备工作，那就是放松声带，让一些轻缓的气流去振动它。这样才会让声带有点准备，不会因为突然的发声而损伤声带。另外，你在进行练声的时候，千万不要张口就大喊大叫，那样只会破坏声带。当声带活动开了，你还需要在口腔上做一些准备活动。大家都知道口腔是人的一个重要的共鸣器，声音的洪亮、圆润与否和口腔有着直接的联系，所以不要小看了口腔的作用。

你还需要特别注意，练声的时候，千万不要在早晨刚睡醒时就到室外去练习，那样会使你的声带受到损害。特别是当室外与室内温差较大的时候，不要张口就喊，那样，冷空气会顺势进入口腔，刺激你的声带，使自己的正常声音受到损害。

三、练习吐字

很多人认为，吐字与练习声音没有多大的关系，其实两者是密切相关的。只有你发音准确、清晰，才能做到字正腔圆。我们都学过拼音，都知道每个字是由一个音节组成的，而一个音节又可以分为字头、字腹、字尾三部分，也就是我们经常说的声母、韵母、韵尾。

若要练习吐字，那就需要在字头、字腹、字尾上下工夫。你在讲话的时候，一定要咬住字头，把发音的力量放在字头上；在字腹上一定要饱满、充实、有力，确保口型正确；字尾，就是要注意归音，既不要拖长，也不要发音不完整。如果你能够按照这样的练习方法去做，逐渐练习，那么你的吐字就一定会圆润、响亮，你的声音也就自然而然变得悦耳动听了。

另外，练习吐字还有一个较为实际的方法，那就是读绕口令。比如你可以慢慢尝试着读下面的绕口令：天上七颗星，地上七块冰，台上七盏灯，树上七只莺，墙上七枚钉。 吭唷吭唷拔脱七枚钉，喔嘘喔嘘赶走七只莺，乒乒乓乓踏坏七块冰，一阵风来吹来七盏灯，一片乌云遮掉七颗星。

使你的声音抑扬顿挫

有的人说话，特别注重声音的高低起伏、停顿转折，并且节奏分明，自己说起来朗朗上口，听众听起来也觉得悦耳动听。每个人都希望自己在说话的时候，声音抑扬顿挫，能够吸引听者的注意力，而这就需要很好地掌握抑扬顿挫的语言表达技巧，你具体可以按下面两个方面来练习，就会使自己的声音听起来悦耳动听。

一、重音

生活中我们经常会运用到重音，重音在生活中必不可少。比如，"这篇文章的大意是什么"，"大意"就是"大概"的意思，如果你在朗读的时候，把"意"轻念，那么就会让听众认为是"粗心"的意思。所以，重音不但能使声音高低起伏不断，还具有区别词意的作用，读重读轻表达的意思不一样。重音可分为三种：

1. 语法重音

语法重音就是按句子的语法规律重读的音。比如某个字本应该重读，而当它在某个句子里的时候，就应该读出重音来。

2. 逻辑重音

逻辑重音是根据说话的内容和重点自己确定。当领导作一次公开讲话的时候，肯定有一部分的讲话是比较重要的，那么这时候就需要根据讲话的内容和重点自己确定重音的读法。

3. 感情重音

感情重音是表达强烈的感情或细微的心理。感情重音不一定重，有时放轻也起了强调的作用。所以感情重音有两种，一种是重重音，一种是轻重音。

那么感情重音是怎么来体现的呢？一是加大音量，二是拖长音节，三是一字一顿，四是夸大调值（调值有一个五度表：一声55，二声35，三声214，四声51）。

二、注意掌握停顿

讲话的时候，不但要让你的声音有高低起伏的音乐感变化，还需要停顿转折的回旋变化，这样才能使你的声音听起来抑扬顿挫、悦耳动听。总体来说，停顿主要分四种，即语法停顿、逻辑停顿、感情停顿、特殊停顿。除此之外，还需要我们在实际讲话的时候，把一些书面上的停顿赶快连接起来，这需要一定的连接力。下面我们就简单地一一介绍。

1. 语法停顿

语法停顿又叫自然停顿，一个词中间是不能停顿的，如"哈尔滨代表团长途跋涉来到北京"，念成"哈尔滨代表团长，途跋涉来到北京"，这样就会把意思弄反了。另外，从语法上说，在中心语与附加语之间会有一个小小的停顿，一篇讲话稿中用标点符号表示的地方要停顿，不同的标点符号，停的时间长短不一样，它们停顿的时间是：句号（包括问号、感叹号）＞分号＞冒号＞逗号＞顿号，从结构上，是段落＞层次＞句子。

2. 逻辑停顿

逻辑停顿是根据你在一个句子中需要被强调的停顿，逻辑停顿是一种表达感情的需要。

3. 感情停顿

苏联的表演学家斯坦尼斯拉夫斯基说：如果没有逻辑的停顿的语言是文体不通的话，那么没有心理停顿的语言是没有生命的。感情停顿又叫心理停顿，逻辑停顿为理智服务，感情停顿为感情服务，为表示一种微妙和复杂的心理感受而作的停顿。

4. 特殊停顿

特殊停顿是为了加强某种特殊效果或应付某种需要所作的停顿。特殊停顿的表现力主要有四个方面：

（1）可以变含糊为清晰，如："最贵的一件（停）值两千元"，表示最贵的只有一件，其他的不值两千元。

（2）变平淡为突出。

（3）变平直为起伏。如"在座的人/谁/都明白"就有起伏。

（4）变松散为整齐；有些排比句通过停顿变得很美，节奏很好，要声断，气不断，情不断。要重复强调的是停顿不是中断，只是声音的消失，它绝对是气流与感情连起来的，有停就有连，而且在某种激烈、紧张的情况下需要连接。

5. 连接的表现力

连接就是在书面上标有停顿的地方赶快连起来，需要不换气、不偷气，一气呵成，连接的作用主要表现为：一是渲染气氛；二是增强气势，能表达激情推进内容。而表现停连的技巧有三个：

（1）气息要调解。也就是在实际讲话中，比较大的停顿地方要换气，小的停顿要偷气，就是不明显的换气，其他的地方就要一气呵成。

（2）接头要扣"环"。即两个内容相联的句子，第一句的节尾压低，第二句的起音也要低，这样两个句子中的音位差就小，给人感觉环环相扣。

（3）层次要"抱团"。句子的末尾音节不要往下滑，每层的意思要有鲜明的起始感、整体感。

如何调整语调节奏

我们讲话的时候，声音的高低、轻重、快慢、停顿的变化都可以称为语调。一般来说，除了要求吐字准确清晰外，声音的轻重疾徐，还应随着讲话内容的变化而变化。语调是最能表达感情色彩的，只有和讲话内容互相配合，才能恰如其分地发挥作用。有位意大利的音乐家，他上台不是唱歌，而是把数字有节奏地、有变化地从1数到100，结果倾倒了所有的观众，甚至有的感动得流下了眼泪，可见节奏在生活中是多么重要。

语言表达中带有规律性的变化，叫节奏，句子中有了节奏变化语言才生动，否则就会显得呆板。节奏与语速有关系，但不是一回事，语速只表示说话的快慢，节奏包括起伏、强弱。我们平时把节奏简单地分为快节奏和慢节奏，它们的区别如下：

慢节奏：叙述一件事情，描写一处景物，表现一次行动的迟缓节奏宜慢；表现平稳，沉郁、失望、悲哀情绪节奏宜慢。

快节奏：表现情绪紧张、热烈、欢快、兴奋、慌乱、惊惧、愤怒、反抗、驳斥、申辩时宜快节奏。

在讲话中，只有很好地调整语调的节奏，才能使你的声音听起来悦耳，才能打动人心。那么如何让语调节奏能够快慢有致，说起来朗朗上口呢？

1.注意语调的高低变化

我们讲话时为了更有效地表达思想感情，要对语言做高低抑扬的变化处理。不能一味地高，甚至吼破嗓子；也不能一味地低，显得有气无力。

只有使音调的高低随意而变，随情而变，才能达到最佳的讲话效果。

语调有高低变化，这就需要把高音和低音区别开来。高音就是升调，即句子调值由低到高，句尾发音往往最高，一般用于疑问句；低音就是降调，即句子调值由高到低，句尾发音往往最低，一般用于陈述句、祈使句和感叹句。

2. 运用语调的快慢变化

讲话中语音的变化，应该是极其自然顺畅的，而不是刻意追求的效果。只有语速适宜，快慢有致，才既能有效地传情达意，又令听众感到悦耳动人。如果语速不当，缺乏快慢变化，始终保持一个速度，那就很难准确、恰当地表达出你内心的真实感情，而且这样也会使听众感到厌烦，难以接受。

讲话的声音应当有快慢缓急变化，而这其中的快慢缓急变化主要是根据表达思想感情的需要。在表达一般内容时，语速可以适中，既不要太快，也不要太慢；当表达热烈、兴奋、激动、愤怒、紧急、呼唤的思想情感时，出言吐语就要快些，势如破竹；讲到庄重、怀念、悲伤、沉寂、失落、失望的思想情感时，语速可以放慢些，娓娓道来。

3. 关注语调的停顿变化

停顿，就是讲话时的间歇。讲话不仅要有停顿，而且还应该利用停顿，使停顿变为一种表达艺术，更为有效地表达讲话者真实的思想感情。停顿是讲话中的一种非常有效的表达艺术。运用停顿艺术，可以使你的讲话不会散乱，也能使整个讲话抑扬顿挫，起伏跌宕，让听众享受到一种语言的节奏美、音乐美。一般来说，停顿有三种：即自然停顿，词语或句子间的自然间隙；文法停顿，即段、句之后的较长一点的停顿；修辞停顿，即由于某种修辞效果的需要而做的停顿。

对讲话者来说，应该综合运用这三种停顿，使它们变为一种技巧性的停顿、艺术性的停顿。通常在一般情况下，可做一般性停顿；但是，在某些特殊情况下，就应该做较长一些的停顿了。比如，在向听众提出某个问题之后，或是在提出自己的某个观点之后，或是在讲清一个相对完整的意思之后，都要做较长一点的停顿。

如何提高语音质量

很多人在讲话的时候，口齿清楚、语音纯正、语气生动、表情达意鲜明，我们就可以称之为语音质量较好。其实，有声语言的声音美，往往能使讲话更易打动人心，引人入胜，获得最佳的效果。要让语音在说话时发挥最好的效果，我们应该提高自己的语音质量，你可以通过下面几个方面的内容来做一些练习：

1. 和谐的声调

我们在平时讲话中，要特别注意声调的和谐。每一句话的结尾都要有音节相对应，这样才显得音节匀称；而且语末音节的平仄相错，讲起来的时候，声调要高低起伏不断，急缓快慢有致，抑扬顿挫，这样听起来才会觉得声调和谐、悦耳动人。

在涉及某些书面语言的时候，要能够很好地使句尾的音节与语末音节相配，所以听起来才会清婉动听。我们在讲话的时候，要适当注意声调的配合，以形成波澜起伏、抑扬顿挫的和谐美。

2. 自然的押韵

诗歌，尤其是古诗都是讲究押韵的，正是有了押韵才会显出一种音乐美感来。所以，我们在讲话的时候，也要适当地押韵，讲究一下韵脚的自然美。但是，讲话毕竟不是诗歌韵文，绝不能舍意就韵，这样就本末倒置了。

3. 协调的音节

音节是语音结构的基本单位。汉语的特点是一个字一个音节，但现代汉语中双音节词却占多数，甚至还有四音节词等。双音节词和四音节词及词组都有很大的优点，也就是语音的强度、节奏感强，讲起来朗朗上口，听起来清脆有力、悦耳动听。因此，为了使音节搭配匀称协调，最好将相同音节的词并列使用，双音节词与双音节词匹配，多音节词与多音节词匹配，就可以形成对称、均衡的"建筑美"。

4.叠声复沓

如果你在讲话中运用叠声可以加强语势，抒发更强烈的思想情感，形成声音的复沓之美。比如闻一多先生的《最后一次的讲演》中就有几次运用了叠声：

今天，这时有没有特务！你站出来！是好汉的站出来！你出来讲，凭什么要杀死李先生？杀死了人，又不敢承认，还要诬蔑人，说什么"桃色事件"，说什么共产党杀共产党，无耻啊无耻啊！这是国民党的无耻，是李先生的光荣！

闻一多先生在情感表露得最为激烈的地方用了叠声，就如同一把把尖刀刺向敌人的要害，表现出无比巨大的精神力量。

5.准确确定重音

在讲话的时候，为了引起听众的注意，使自己所讲的内容在听众心里留下极为深刻的印象，显示讲话的感人力量，我们必须重读某些词语或者句子。正确使用重音能使讲话听起来高低起伏、抑扬顿挫，能够使自己的讲话取得较为不错的效果。

在一些语句中，为表达感情的需要，我们要稍稍加重某些词句的读音，这就是重音。实际上，重音和非重音在一个语段中是相对存在的，没有绝对的非重音，也没有绝对的重音。重音与非重音在一个语段中的音调总的说来是一致的。重音的确定，对于讲话来说十分重要。确定重音必须联系你所讲内容的中心思想，并且根据一定的词句在讲话段中的地位和作用来准确地识别重音，在讲话中正确地读出重音，是提高讲话语音质量的重要一环。

第七章

善于赞美：打动人心的夸奖之言

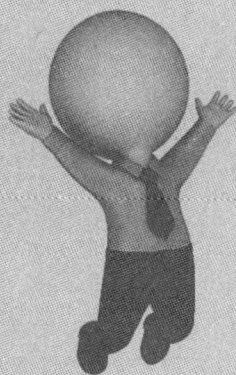

话挂嘴边，用真诚打动人心

美国一个叫露西尔·布莱克的人在亚利桑那大学学风琴，还在镇上一家语言障碍诊所工作，同时还在绿柳农场指导一个音乐欣赏班。平时，露西尔就住在绿柳农场里，并经常在那里聚会、跳舞、在星光下骑马。可是，有天早上她因心脏病而倒下了。医师对她说："你得躺在床上一年，要绝对地静养。"但医师并没有保证说她还会不会像以前一样健康。在床上躺一年，这对露西尔意味着她将要成为一个无用的人——或许还会死掉！因此，一时间她感到毛骨悚然，又悲痛又感到忿恨不平，却还是照着医师的嘱咐躺在床上。这时，她的邻居鲁道夫先生告诉她："你以为在床上躺一年是个不幸？其实不然。现在，你有了时间去思考，去认识自己，心灵上的增长将大大多于以往。"露西尔听了鲁道夫先生的教导以后，平静了下来，读些励志书籍，试着找出新的价值观。一天，她听到收音机传来评论员的声音："唯有心中想什么，才能做什么。"这种论调露西尔以前不知听过多少次，这次却是第一次对这句话有了深刻的感受，她改变了主意，开始只想些自己需要的东西：欢乐、幸福、健康。露西尔开始强迫自己每天一起床就衷心赞美并感谢所拥有的一切：没有痛苦、可爱的女儿、健康的视力、听力、收音机里优美的音乐、有阅读的时间、丰富的食物、好朋友……

过了一段时间，当医师准许露西尔在特定的时间内可以让亲友来访时，她是那样的高兴！几年时间过去了，露西尔的日子过得充实而有活力，露西尔认为这一切都得感谢在床上的那一年。那是她在亚利桑那最有价值、最快乐的一年，因为她养成了每天清晨赞美感谢的习惯。

赞美的力量是无穷的，它能让人认识到自己存在的价值，能鼓舞人的斗志，能把人推向成功的巅峰。同时，学会赞美别人也是一种美德，在赞美别人的同时，我们也完善了自己，提升了自己的价值。真诚的赞美能使我们更好地与人交往，从而增进与身边的人之间的友情。把赞美当成生活的一种习惯，发自内心真诚地去赞美别人的时候，别人会从你的赞美中感受到真诚。尤其是作为18岁以后的成年人，要把那些虚浮的、不切实际的语言摒弃掉，要用真诚去打动人，不要吝啬你的赞美，那时候，你就会成为最受欢迎的人。如何成为最受欢迎的人呢？

1. 发现别人的优点

赞美的力量的确是神奇的！生活因为有了欣赏而变得更加精彩，生命因为有了赞美而变得更加美丽！但有的人总是说，我也想赞美别人，但我赞美别人什么呢？这就是缺少发现别人的优点。要知道生活中不是缺少美，而是缺少发现美的眼睛。

当你与人交往的时候，要发现对方的优点，从对方的优点处去赞美，对方也能体会到你是在赞美他最擅长的事情，他就会很高兴和你交往。

人生在世，除了让自己快乐，也得让别人快乐起来。每个人都是一块金子，只不过有些被尘土掩盖着，没有发出耀眼的光芒。发现别人的优点，把赞美常挂嘴边。

2. 尽量表达你的真诚和热情

赞美要成功，第一个策略，就是要让别人感觉到你的真诚和热情。所谓"精诚所至，金石为开。"只有深切的真诚的赞美，才能唤起别人的回应。如果你在赞美别人的时候是冷冰冰的，或者说一些不着边际的话，那么听者会以为你不是在赞美而是在嘲笑。真诚的赞美是源自人内心深处的一种欣赏，它反映了一个人对另外一个人的认可，是一个人在另外一个人身上发现了可赞美的优点。真诚赞美是实事求是，真正的十全十美是不存在的，事物不存在完美，人更不存在十全十美，所以在赞美别人时，不要用"最"的字眼。真诚地赞美他人是智慧的体现。培根说："赞美者心中有朝霞、露珠和常年盛开的花朵。"可见，懂得赞美他人的人是多么的高尚和可贵。当你看到一个值得你赞美的人或一件值得你赞美的事，请不要吝惜你的赞美之声，大声地为之喝彩！

有理有据，不要言过其实

曾国藩很善于赞美自己的下属，鼓舞他们的士气，并且他的赞美还是有理有据，没有一丝的言过其实。有一次，曾国藩把自己的下属全部召集在一起讨论下一步的作战方针，首先他发言说："在座的各位都已经知道吧，洪秀全是从长江上游东下而占据江宁的，因此说江宁上游是洪秀全的气运所在。现在湖北、江西两地均为我收复，在江宁之上，仅存安徽一省没有收复，如果安徽被我收复，那么江宁则早晚必成孤城一座。"

此时，曾国藩手下一贯沉默寡言的李续宾从曾国藩的话中意识到了下一步的用兵重点，就试探着插话问道：

"涤帅（指曾国藩）的意思，是要先攻打安徽？"

"对！"

曾国藩见李续宾猜出了自己的意图，以赏识的目光看了李续宾一眼接着说："迪庵（李续宾）说得好，看来你平时对此已有思考。为将者，拔营攻寨算路程等尚在其次，重要的是胸有成竹，规划宏远，这才是大将之才。迪庵在这点上，比诸位要略胜一筹。"其他将领也点头称是。

曾国藩的赞美为什么那么成功，原因有二：一是抓住了李续宾的一句话就引出大将之才的许多道理，事实清楚，道理深刻；二是他善于把握时机，赞美得有理有据，没有言过其实。赞美的力量是无穷的，它能让人认识到自己存在的价值，鼓舞人的斗志。赞美要有理有据，这样大家才能心服口服。"有据"就是要有事实依据，确凿无疑，谁也说不出个不字来。"有理"就是要求说话要有道理，无可挑剔。除此之外，在赞美别人时我们还要注意什么呢？

1.赞美要实事求是

真正的赞美，是有理有据的。如果言过其实或者言不由衷，也就可能会变成"拍马屁"了，对方也会怀疑你的真实目的。比如说我们对一位清洁工人这样赞美："您真是一位成功人士啊！您具有非凡的气质，是一位伟大的人！"对方一定会认为我们精神有问题，因为这些话好像和他没有一点关系。只有实事求是地去赞美他人，才能抓住对方的心，获得对方的好感，改善人际关系。

2. 当众赞美别人

18岁以后的我们长大成人了，在我们的生活圈子里想要成为受欢迎的人，学会赞美是必不可少的，但在赞美别人的时候如何能让对方认可，让对方感到被重视，那就需要当众赞美别人。当你在众人面前赞美一个人的时候，对方就会像受到特殊礼遇一样，心里美滋滋的，就像案例中曾国藩当众赞美李续宾一样，在座的其他人也会认可和羡慕他，这就是当众赞美的魅力。

3. 赞美别人要掌握好分寸

18岁的生活是多彩的，赞美他人的形式也是多样的。但赞美他人还必须要学会因人而异地掌握分寸，要注意讲话时的环境，观察别人的脸色。当你赞美别人时，别人发出会心的微笑或谦虚地说"哪里，你过奖了"等等，你可以继续去赞美；而当别人对你的赞美没有任何反应的时候，你就要观察一下对方是不是有什么心事或遇到不高兴的事情，赞美也是因人、因事、因地而异的，所以在赞美别人的时候，一定要掌握好分寸。

4. 适当地加上肢体语言

选择恰当、得体、文雅、幽默的语言赞美他人固然很重要，但也只是传达你所要表现信息的一半。那么，另一半是什么呢？是你的表情、眼神和肢体形态，这些与你的语言必须同步。把自己的肢体语言作为一种礼貌的信息与自己的语言同时传达出去，就要求我们要学会并培养自己的风度并且随时准备引发他人的兴趣，把大家共同关心的话题引入正轨。赞美是整套的语言表达方式，不是单纯地靠嘴把赞美之词说出去，适当地加上肢体语言，会让别人更加能接受你的赞美。

雪中送炭，不要锦上添花

有一个年轻人，他一心想成为一名作家，但是他的人生却屡屡与他作

对。他10岁的时候，母亲不忍家中困苦，离他而去，而他的父亲，因长期好赌，借了一大笔外债，由于无法偿还而被迫入狱。

家庭的不幸让他遭受的不仅仅是孑身一人，还经常遭受饥饿之苦。后来，他找到一份工作，是在一个老鼠横行的货仓里贴鞋油底的标签，晚上是在一间阴森寂静的房子里，和另外两个男孩一起睡。

虽然生活在如此艰苦的环境下，但这个年轻人一直坚持他的梦想，成为一名作家。就在这个货仓里，他不断地写稿子，寄出去，但却是一个接一个地被退回，就在他心灰意冷，意志消沉打算放弃他的梦想的时候。他写的稿子被一名出版社的编辑看到，在他的稿子上写道："你的文字写的很有灵性，足见你对文学的热爱，其中像这句……"

那位编辑给他的赞美，使他受到了极大的激励，他一直坚持着，终于成为知名的作家。

是什么能让年轻人坚持到最后，并成为知名的作家？是出版社编辑对他的赞美及肯定，如果没有这次赞美，可能年轻人就放弃了他的作家梦。因此说最有效的赞美不是"锦上添花"，而是"雪中送炭"。有时候，最需要赞美的不是那些有名有利，有一定社会地位的人，而是那些生活困苦，尤其是那些被压抑、自信心不足或总受批评的人。他们一旦被人真诚地赞美，就有可能信心倍增，精神面貌从此焕然一新。赞美是艺术，因此我们更要注意下面几点：

1. 赞美要恰如其分

真诚的赞美应该是恰如其分，具体确切的。而且，所要赞美的事情也并非一定是大事，即使是别人的一个很小的优点，只要给予恰如其分的赞美，就能让你与对方拉近距离。如果你对一位很胖的女士说："小姐，您真是太漂亮了！"那名女士一定说你是神经病，在嘲笑她。所以赞美应该恰如其分。赞美的目的是要对对方表示一种肯定和欣赏，让对方能从我们的话中领会这些含义。当我们的赞美正合对方心意时，会加倍成就他们的自信感。

2. 赞美要把握时机

赞美别人要善于把握时机。我们知道高明的厨师其高明之处不在佐料，而在火候。赞美也要一样，我们应善于发现别人哪怕是最微小的长处，并不失时机地赞美。一旦发现别人有值得赞美的地方，马上要发掘出表扬的道理当众表扬他，不要拖拉，也不必要积累到一起再找时机表扬。比如我们在上小学的时候，每次升国旗敬队礼唱国歌的时候，刚开始我们举手的动作还很到位，可慢慢地就都坚持不住了，如果这时听见老师"某某同学的敬礼动作不但标准，而且能坚持到最后，是我们学习的榜样，下次选升旗手就选这样尊敬国旗的同学当旗手"时，大家都会把手举得高高的，这就是赞美的力量。

内容具体，不要含糊其辞

克莱斯勒是美国著名的汽车制造公司，有一次他们专门为罗斯福总统制造了一辆汽车，因为罗斯福总统的下肢瘫痪，致使他不能驾驶普通的小汽车。当克莱斯勒公司的工程师将汽车送到白宫，罗斯福总统立即对它产生了极大的兴趣，并对大家说："我觉得简直不可思议，只需按按钮，车子就能跑起来，真是太奇妙了！"

当时他的朋友们也在一旁欣赏汽车，罗斯福总统当着大家的面夸奖："我真感激你们花费时间和精力研制了这辆车，这是件了不起的事！"接着罗斯福总统欣赏了车的散热器、车灯等。也就是说，他提到了车的每一个细节，并坚持让夫人和他的朋友们注意这些装置。这些具体的赞美，让人感到了他的真心和诚意。

作为美国总统，他对汽车的赞美并不是笼统含糊地说"多么先进的一部汽车"，而是把这个汽车的各个零部件一一地赞美了一通，这不仅是对汽车制造商的肯定，也是真心诚意地表达他对汽车的喜爱。这个案例告诉我们赞美要具体，不能含糊其辞，否则可能会让对方感到混乱和窘迫。赞美越具体，说明你对被赞美者越了解，也更容易让对方接受你的赞美。但如何才能做到具体的赞美呢？需要注意哪几点呢？

1.赞美要具体化

想让你的赞美效果倍增，就要学会具体化赞美。具体而详细地说出对方值得称道的地方，既能让对方直接感受到你的真诚，也能让你的赞美之辞深入人心。如果在赞美别人时你只是单纯地说你太漂亮了、你很聪明、你真棒等这类缺乏热诚的、笼统的、空洞的话，就有点像外交辞令，给人以敷衍的感觉，有时甚至让人感觉你是在拍马屁，容易引起对方的反感与不满。此时你应该从眼睛明亮，脸型好看，面带福相，气质儒雅，高贵洋气，身材苗条等这些具体的方面寻找闪光点，然后给予评价。

2.要仔细地观察对方

有时，当你在夸一个人漂亮时，在她的内心深处立刻会有一种心理期待，想听听"我漂亮在哪里？"如果这时你没有具体化的表述，是多么令人失望啊！如何才能有一个具体化的赞美，就只有用心而认真地观察对方，才能说出他的优点。越具体，表明你越关注对方，所以说，具体的程度与你关注的深度是紧密相关的。比如说一个人演讲得很棒，你可以这样赞美："你的演讲非常有思想，特别是你说的那句……"这样你的具体赞美会让对方立刻体会到你对他演讲才华的真实肯定。如果赞美一位女士很漂亮，可以说："你的皮肤很白，身材高挑，在美女群中很抢眼……"。这样的赞美自然会令她难以忘怀。

3.不同的人给予不同的赞美

在赞美别人时，你应先了解对方的职业，再做出适当的赞美。如此一来，将为你与他人建立良好的沟通关系，打下最为坚实的基础。对于商人，你如果称赞他学问好、品德好、或是清廉自守等，他一定是无动于衷。你应该称赞他才能出众、手腕灵活、生财有道等，他才会听得高兴又愉悦。对于官员，你应称赞他为国为民、一生清正、廉洁自持、劳苦功高，他一听便会感到高兴。对于文人，你应称赞他学有根底、笔下生花、或者是思想恢弘等，他听了一定高兴。如果对方是个电脑爱好者，那么从电脑方面赞美他，他一定会非常高兴的。对于一个很满意自己皮肤的女孩子，夸奖她的肤色是不会错的。

真情实意，不要虚情假意

童童就很善于用自己的赞美去帮助身边的朋友伙伴们。在他的寝室里有一个性格比较孤僻、不善言谈的同学，被别的同学暗自称为"弱智"，同学们跟他说话的语气也都怪怪的。

自从童童担任宿舍长后，他决定改变这个被别人称为"弱智"的同学。有一次，在课外活动时，童童看到这个同学独自一人坐在教室里，他便走过去，用最贴心、最真心实意的语气同他说话："我发现你上课听讲挺认真的，而且反应并不比别人慢，我相信你肯定比我聪明，只要你努力学习，一定会考在班上的前几名。"

这个同学听了童童的话，若有所思地点点头。然后，童童又诚挚地说："不如我们一起参加活动吧，一个人坐在这里也挺无聊的，就当陪我吧。"说着就把他拉到同学们中间，与他一起参与同学们的活动和游戏。后来，同学们也都争着和他们做游戏了。慢慢地，他和同学们的关系变得融洽了，学习成绩也提高了，再也没有人说他"弱智"了。

多年后，那位曾经孤僻的同学已经成为了深圳一家大公司的销售总监。在一次同学会上，他拉着童童的手说："当年你对我说话的语气改变了我的一生。"

赞美是一门艺术，也是一门学问，赞美别人的时候要发自内心地，出自真情实意去赞美人，去帮助人，这时候对方会因为你真情的赞美而改变。虽然人们都喜欢听赞美的话，但不是任何赞美都能让对方高兴。尤其在赞美别人时最要不得的就是虚情假意、只是表面恭维。如何才能真情实意地表达自己的赞美呢？要注意哪些呢？

1. 感情真挚的赞美

赞美是一种语言艺术，是怀着一种真诚待人的心态表现出对生活的热爱和精神上的愉快，同时更是一种勇气，将有助于你在现实生活和社会交往中获得成功。

赞美别人也要看具体的对象，比如说根据被赞美人的身份、年龄、关

系、心境、环境、场合不同，所用的赞美用语也是不相同的。如果不关注这些基本的条件，让赞美的话找不着落脚的点，即使说的再好，也是起不到任何作用的。比如说她确实是身材苗条，我们才可以说"身材好"，她的眼睛长得美，我们才说"眼睛漂亮"；他确实个子高，人又长得英俊，我们才说他是"又酷又帅"……

2. 赞美不宜太夸张

赞美是无处不在的，但在赞美别人的时候，不能太夸张。比如你的一个很好的朋友，他的口才非常好，你去称赞说："你的口才真棒，是我见过的口才最优秀的人。"很显然，这样的赞美不痛不痒，而且没有任何的事实依据，这不但不能取悦于对方，还会引起对方的不满，这样的称赞无异于阿谀奉承。如果你能换个赞美的方式，或许会受到意想不到的结果，比如说："你说起话来既简洁又流畅，我真羡慕你啊，不像我说话总是啰啰嗦唆，颠三倒四的。"假如你这样说，你的朋友会因为你的赞美更加欣赏你，这才是最得体的赞美。

3. 赞美不要太肉麻

赞美不是无原则的吹捧，也不是使人肉麻的讨好迎合，更不是借赞美之语去挖苦、嘲弄对方。当你在赞美别人时，尽量注意所用词语的度，能表达你的意思就完全可以了，说的过了，太露骨，容易引起别人的反感，也不适合用太多感性的词语，说出来的话很肉麻，以免引起别人的反感，因为对方自己觉得可能没有那么好，你的赞美无疑中是对对方的讥讽或挖苦。比如说赞美一个美丽可爱的女孩：你是美丽的女神，我为你而倾倒。这样太肉麻的赞美会让人反感，还不如具体地赞美：你的眼睛清澈得像湖水，没有一丝尘埃……这样具体的赞美会好得多。

另辟蹊径，不要一概而论

有一个杂志推销员抱了一大摞杂志去拜访某个客户，当她来到客户的办公室后，她并没有把怀中的杂志展开催促客户订阅它们，而是看了看客户的书桌，她看见桌上摆了几本杂志。然后，她忍不住热心地惊呼：

"哦！我看得出来，您十分喜爱阅读书籍和各种杂志。"

客户听了她这句恭维的话，笑了笑回答："是的！"

然后，她问客户定期收到的杂志有哪几种。

在客户向她说明之后，她脸上露出了微笑，把她的那卷杂志展开，摊放在客户面前的书桌上。她一一分析这些杂志，并且说明客户为什么应该每一种都要订阅一份。

她还提出了这样一项温和的暗示：

"像您这种有地位的人物，一定要消息灵通，知识渊博。"

她的话确实是真理。于是，她离开时，顺便带走了客户订阅这六种杂志的订单。

案例中的女推销员很聪明，当她走进客户的办公室后，并没有急于推销手中的杂志，而是通过观察发现客户喜欢阅读的书籍，然后从这点出发，赞美客户是一位爱好读书的人，虽然只是几句简单的话语，却拉近了推销员与客户之间的距离，从而获得了订单。赞美是有技巧可循的，在我们的生活中，当你在赞美别人的时候，有没有想过赞美可以不必那么直接，那么一概而论，有时候另辟蹊径可以让你收获更多。但如何才能做到另辟蹊径，即将走入社会的你有没有考虑过呢？

1. 赞美要言之有物

在赞美别人的时候，所用的词语一定要言之有物，与其说"久仰大名，如雷贯耳"，不如说"您上次主持的那次年终总结会语言流畅，更是一气呵成，真是让人佩服……"如果你这样说了就是直接提及他的工作上的傲人成绩。如果你想要赞美别人的生意兴隆，不如赞美他推销产品的能力，或赞美他的经营有方。如果你只是想向人请教，你应该选择要请教的人的长处，只在他擅长的方面请他赐教，这样他一定比较高兴。

2. 赞美也要注意对策

虽然人都爱听赞美的话，但是并非任何赞美都能使对方高兴。所以说，赞美一个人时，一定要有策略，只有别出心裁，才能打动对方的心。当你想赞美别人时，首先要引出对方更多的话题，看出对方希望怎样的赞

美，然后再对应说出赞美的话。也就是说，你的赞美要能满足对方的心理需要。因此，在没有弄清楚对方的喜好前，最好不要随便就使用你的赞誉之词，免得弄巧成拙。比如说到别人家做客，与其乱捧一场，不如赞美房子布置得别出心裁，或赞美一个盆景的精巧，或赞美装饰的精致，要注意欣赏他人的爱好与情趣。主人喜欢养金鱼，你应该试着去欣赏那些鱼的美丽；主人爱养花，你应该去赞美他所养的花草。赞美别人最近取得的工作成绩，赞美别人心爱的宠物，要比说上无数空泛的客气话要有效得多。

3.间接赞美他人

我们在赞美别人的时候，往往都是当面赞美，但有时候背后赞美的效果更明显。如果我们当面赞美别人，赞美不当可能会被认为我们在奉承他，讨好他，然而在背后说这些相同的好话时，被赞美者就容易接受我们的赞美之词，也容易领情。如果我们当着上司和同事的面赞美上司，我们的同事会认为我们在讨好上司，拍上司的马屁，从而引起周围同事的反感。而且，这种正面的赞美所起到的效果也是不明显的，甚至还会起到反作用。与其如此，我们不如在公司里上司不在场时，对上司"大力吹捧"一番。而我们所说的这些好话，也会很快传到上司耳朵里的。由此可见，背后说别人好话要比当面恭维别人效果明显好得多。你完全不用担心你所赞美的人会听不到你的赞美，相反，你在对方背后的赞美，很容易就会传到对方的耳朵里，对方也会因此对你另眼相待。

第八章
学会辩论，唇枪舌剑巧摄人心

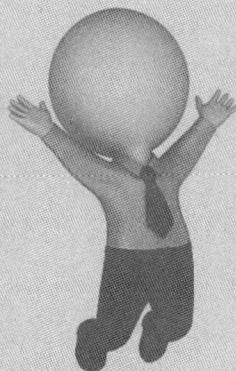

知己知彼，百战不殆

王萌萌是一名初三的学生，家庭条件富裕，而她的学习也非常棒，所以很受老师的青睐。可是令她头疼的是她们班的一个和她年龄差不多的女生。因为这个女生知道她家有钱，所以就动不动找她借钱，但几乎很少还钱。向她要吧，她说身上没带钱，这确实让萌萌很是烦恼。所以在学校里她总是尽量避免和这位同学见面。

可她们毕竟是同班同学，抬头不见低头见。所以她打算想个法子来彻底断了这位同学再向她借钱的念头。

正好，有一天学校要收钱，这位同学又来向她借钱，她很自然地借了。过了一会儿，她故意走到这位同学跟前，对她说，我刚才看到你钱掉地上被人捡走了，果然，这位同学立马把手伸进兜里，并掏出钱笑着对她说："看，我的钱在这呢，没丢！"这下让萌萌逮着机会了。于是萌萌马上拉着脸在其他同学的观看下对这位同学说："你不是说你没带钱吗？还问我借钱。你做人怎么这样啊！亏我还把你当作是最好的朋友呢！你竟然是这么一个不诚信的人，以后再也不和你做朋友了。还有，把我的钱还我。"

就这样，萌萌不但要回了钱，而且这位同学从此再也没找她借过钱。

其实如果单单说要钱，我们从例子里面是看不出什么新鲜的。但如果从萌萌要钱的方式以及时间来看，我们就会发现，她是既知道别人为什么会经常找她借钱，又了解别人的性格，找准了说话的场合，利用"人都爱面子"这个人性的弱点，最终达到了她预期的目的。也就是说萌萌正是懂得了只有知己知彼，才能百战不殆的道理，才去找那位同学的。在辩论中，我们又该如何运用这个道理，如何做到百战不殆呢？

1.了解自己，扬长避短

所谓知己，就是要了解自己，明白自己的致命弱点在哪。比如很多青年在辩论时由于心里紧张，一上场就会头脑一片空白，不知道自己该说什么好。青少年的心理素质、性格特点都有着很大的波动性。作为青少年，如果不去了解自身各方面的弱点，那他不单是在辩论中，就是在生活中也可能遇到意想不到的麻烦。所以，对于青年人来说，更要学会如何去了解自己，扬长避短，如何随时发现自己的致命弱点，然后想办法去克服它，尽可能不要轻易让对手看出你的弱点，只有这样，你才不会在成长的过程中遇到不该遇到的麻烦，你也才有可能、有机会战胜对手。

2.了解对手，攻其弱点

辩论本来就是正反双方都把各自当作对手，然后想办法用自己的言论去驳倒对手。而想要轻松地战胜对手，首先就应该了解对手，主要是了解对手的弱点，想办法摸清对手的短处在什么地方。然后才会有机会对其弱点进攻，最后战胜对手。

《孙子兵法》说：不了解敌人而只了解自己，胜败的可能性各占一半；只了解敌人而不了解自己，同样是胜负各半。也就是说，要想做到百战不殆，每战必胜就要既了解自己，同时还要了解对手。而了解对手，首先就应该明白对手是个什么样的人，然后想办法找到对手的薄弱环节在哪里、是什么，最后找准机会，对其最薄弱、最容易被打败的地方给予致命一击，最终战胜他。如果你做到了这样，你也就真的有机会达到百战不殆的境界。

3.用你的优势去战胜对手的弱点

凡事有长必有短，人也不例外。问题的关键就是你明白了自己的优势后，会不会用你的优势去战胜对手的劣势。举个例子，假如你刚好参加了一场辩论赛，恰好你又了解你的每一位反方辩友的实力，同样你也清楚你方每位辩友的实力，那你们何不就此发挥一下扬长避短的功效，各自找准各自最有把握战胜的对手呢？其实这就是一个用自己的优势去战胜对手劣势的很好的方法。

所以，当你懂得了百战不殆的道理后，你还要学会如何去付诸于实

践。希望以上的观点可以帮助你。

抓住矛盾，伺机突破

在一次题为"上网是否有助于学习"的中学生辩论赛上。

刚开始，正方辩手以上网对学习有害的观点略占上风，这使得反方辩手压力很大。可就在辩论进入白热化的时候，有一位正方辩手突然说："本人于昨晚上网查资料时无意发现这样一则新闻，说是有关上网有害的。"

这时反方辩手很快站起身说："正方辩友所陈述的观点是上网有害，可自己刚才却说昨晚用网络查学习资料，请正方辩友对此给予恰当的解释。就这样一句话，使得正方辩手大乱方寸。自然，辩论以正方失败而告终。

辩论本身主要就是体现参加辩论的一方如何用恰当的言论去驳倒另一方所坚持的观点。而辩手双方所坚持的观点本身就是一对相互矛盾的对立的观点，同时每一方所陈述的言论里必然也存在着矛盾。所以辩论输赢的关键就是如何抓住对手话中的矛盾，然后去激化矛盾，最后方可战胜对手。而如何抓住矛盾并激化矛盾才是问题的关键。那么我们就至少要做到如下几点：

1. 仔细倾听

辩论的实质主要是语言之间的较量。当一方在陈述自己的观点时，另一方不应干坐着，而应该是用心去倾听，注意对方的每一句话，每一个词语，看看是不是有说错的地方，或者是正好与你方所阐述的观点相符合的地方。因为辩论双方一般都是同龄人，你不会出现的错误，就不能保证对方不会出现。所以，一旦发现对方的语言中出现有利于你方观点的词语，或是句子，应当马上将其记下，并仔细从中推敲出可以击败对手的言论。所以，这里所说的用心倾听，意思是让你不但要认真地听，更要认真地想，只有这样你才可能最终战胜对手。

2. 抓住时机

人们常说："机不可失，失不再来"。意思就是当你发现机会来了，你就要马上抓住它，而不是等机会错过了才坐地叹息。机会不会找上门来，只有人去找机会。在辩论赛中这句话就可以很好的体现。因为每一场辩论赛都是有时间限制的，当你发现了对手的矛盾后，却没有适时地抓住它、利用它，等错过了才后悔是没有任何意义的。

但是，如何抓住机会才是问题的关键。那么如何更好地抓住机会呢？那就是首先要自己勤快，因为机会不青睐懒惰的人。当你勤快的做好了该做的准备，机会来了，你才有时间去抓住它。

其次就是在学习中积累有用的东西，来壮大自己的实力。这也是抓住机会的基础。

最后要学会主动出击。大多数人都习惯于等待机会，相信机会会主动来临。其实如果自己不主动，即使一好机会也会被你错过。

3. 伺机而动

伺机而动，就是在适当的时候说出适当的话。说话有时候就像打仗，也要学会伺机而动，这样所说的话才会起到事半功倍的效果。很多年轻人由于性格好冲动，所以在很多时候说话不考虑场合，这样就很容易让别人误解自己。

比如你朋友夫妻俩正为钱的事情吵架呢，你这时候又提出来向朋友借钱，那样不但借不到钱，还会闹得大家都不高兴。

所以说，伺机而动它也可称得上是一种说话的艺术。比如有人去买吃的，而卖主恰好就喜欢被人奉承，他就在买东西的时候说上两句："哎呀，你的东西就是好吃，主要还是你的手艺不错，其他的卖主就做不出你的这个味。"果然，卖主一听就高兴，立马免费让他多品尝了几个。这就是懂得什么时候该说什么话所带来的好处。所以在辩论的过程中，要沉得住气，一时的失利并不要紧，只要等到对方露出缺点，再主动出击，这时，你的言论就可起到意想不到的效果。

4. 激化矛盾

只有矛盾激化了才会发挥效益。在辩论时如果你发现对手的言语中有

潜在的矛盾，而你却没有及时地、有效地激化这些矛盾，那你也只有后悔的份。如果当你抓住了对手言语中的矛盾，那就等于是机会来了，这时如果你还不主动出击，激化矛盾，那你也只能是以失败而告终，伴着自己的叹息声离开了。

旁敲侧击，逼其就范

有位刚从警校毕业的大学生被分配到了一个治安较差的地方，而且刚到工作单位就接到了一项很艰难的任务——当卧底。

他的主要任务就是打入一个毒品交易团伙，收集这帮毒贩的贩毒证据。他很优秀，很快就打入了这个团伙当中，并且刚好被安排到他要收集犯罪证据的那个毒贩身边。

可能是他刚进去不久，或是毒贩对他有所怀疑。反正过了好几个月，他都没有收集到一丁点的证据，这让他万分着急……于是，有一天，他突然低着头对毒贩说："老大，我不想跟着你混了。"毒贩听了很是生气，就问道："为什么？"这时候卧底才说："我跟了你这么久，你每次交易都不带着我，你经常对我说你是全城这行的老大，可我怎么从来就没见过你的生意到底有多大。所以我觉得我跟着你没前途。"

果然，毒贩就范了，他就真带卧底去交易了，很快毒贩被警方抓获并被判了刑。

这样的案例我们可能从电影中经常看到。大多青年都觉得这个卧底很有胆识，很勇敢，但很少有人发现，其实是他对毒贩说的话起了关键性的作用。因为他抓住了一般犯罪分子的弱点，用激将法逼其就范。所以这个事例最值得我们学习的地方应该不是勇敢或者胆识，而是卧底说话的艺术。因为他的话正好符合"旁敲侧击，逼其就范"这种说话艺术。而问题就是：我们到底该如何运用这种说话艺术？

1.从对手的弱点出手

这种方法往往在面试中常见。面试考官为了淘汰应聘者，经常会在提问之前就用怀疑、尖锐、咄咄逼人的眼神逼视对方，先令对方的心理防线步步溃退，然后猝不及防地用一个明显不友好的发问激怒对方。如果应聘者的"心理素质不好"，那他只能被淘汰。

所以，在辩论中如果想要逼对手就范，就首先要找准对方的弱点，再适时地向对手的弱点发起攻击。很多时候，一个优秀的辩手总喜欢先激怒他的对手，让其乱了方寸后才去正式的攻击对手。而从对手自身的弱点去进行挑战，是最容易、最有效激怒对手的一种方法。

就像面试官咄咄逼人的发问时，总是会说一些"你经历太单纯，而我们需要的是社会经验丰富的人"，"我们需要名牌院校的应考者，而你却不是名牌院校毕业的"诸如此类的直击最薄弱的地方的话，最终使得应聘者自信心受挫，自动走人。

2. 设置语言陷阱

语言陷阱在辩论中经常出现。辩论一方为了战胜对手，常常说一些看似有利于对方，但最后却套住对方的话，以此来达到战胜对手的目的。同样的例子在青年求职面试中也会经常遇到。比如，有个青年前去一家私人企业应聘财务总监，面试考官也许会突然问他："我看你简历上说你以前做过财务总监，我觉得依你现在的水平，恐怕能找到比我们企业更好的公司吧？"这位青年如果回答说"是的"，那么说明他也许正脚踏两只船，"人在曹营心在汉"。如果他回答是"不是的"，那又会说明他缺少自信，或者能力有限，以至于他只能乖乖掉进面试官所设置的语言陷阱。所以，要想逼人就范，适当的时候，设置适当的语言陷阱，是一种切实可行的好方法。

3. 借题发挥

借题发挥，就是借谈论某个问题来表达自己真正的意思。其实借题发挥就是旁敲侧击的真正内涵。当然，要想借题发挥，就得具体情况具体对待。有一个笑话说：美国五星上将卡特利特·马歇尔（1880—1959年）在他驻地的一次酒会后，请求一位小姐答应让他送她回家。这位小姐的家就在附近不远，可是马歇尔开了一个多小时的车才把她送到家门口。姑娘好奇地问："你来这里不是很久吧？你好像不太认识路似的。"可马歇尔却

说："我不敢那样说，如果我对这个地方不熟悉，我怎么能够开一个多小时的车，而一次也没有经过你家的门口呢？这位小姐后来嫁给了马歇尔。所以要想通过旁敲侧击使对手就范，就要像马歇尔那样，在适当的时候懂得通过借题发挥来达到自己的目的。

针锋相对，以牙还牙

他叫小雷，在班上他调皮捣蛋，上课不专心听讲，玩东西。有一天上课，他又开始说话，一开始，他的同桌不是拍拍他的桌子，就是用眼神暗示他，但他还是肆无忌惮的讲话，使得同桌很是烦恼。

当然他的一举一动也被老师发现了。为了不影响其他同学上课，老师对他说了句："下课到办公室来。"果然，这招灵了。他安静了下来但看上去不服气。课后，他耷拉着头走到老师身边，并表现出害怕的样子。

老师本打算带他到办公室好好对他批评教育一顿，可老师突然想到了其他办法。第二节是体育课，老师想正好利用起来。于是老师请他坐在自己旁边，并对他说："今天我们来打个赌，比比我俩谁的话多。只有一个要求就是你要一直和我说。"他刚开始有点儿担心，但迫于和老师打赌，所以还是开口说了。在他说的过程中，老师很认真地听着并时不时地问着："后来呢？你怎么发现的呢？"

慢慢地他和老师一直不停地说了将近20分钟，他感到累了，主动对老师说："可不可以不说了？"当然，老师的意图刚刚有了成效，怎能半途而废？老师不同意，又继续和他说，这时他坐不住了，脸上有了痛苦的表情。差不多又说了10多分钟，他意识到了这次打赌就是老师以牙还牙的惩罚，所以他开始承认错误："以后上课我再也不说话了，因为我说不过您。"

果然从此他大改以前的行为，这让老师和同学欣慰了许多。

很多时候，有些人伤害了别人他自己并不晓得有多么疼痛，只有自己真正受了相同的伤害，他才能体会其中的滋味。在辩论的时候也是一样的，对方揪住你语言的错误不放的时候，你不妨也从对方的语言逻辑中找失误，当对方正在为把你逼入死胡同而高兴不已的时候，冷不丁就被你揪住小辫子不放，逼入死胡同。说白了，辩论就是双方之间进行语言的攻击，所以，当你被别人抓住不放的时候，不要慌乱，从哪里跌倒，再从哪里爬起来。那么，在辩论的时候，如何才能用针锋相对，以牙还牙的方式来还击呢？

1. 找到错误的对应面

在双方进行辩论的时候，一不小心就会被对方抓住小辫子，被逼入窘境。这时候不要慌乱，留心自己所犯错误的对应面。比如错误犯在语言不严谨上，那么就要死死盯着对方所说的每一句话，没有人说话滴水不漏，主要你用心听着，一定能找到对方语言上的错误。一旦找到，立即反驳，在事实面前，让对方自相矛盾，之前对你的攻击也就失去了意义。这样，对方只能是搬起石头砸自己的脚，痛苦只能自己忍受了。所以，找到错误的对应面是反击的最好的办法。这就是针锋相对，以牙还牙。不要担心找不到对方的错误，没有任何一个人说话的时候，绝对不犯逻辑错误的。

2. 应用和对方相同分量的词语

有时候，为了将辩论的对立方置之死地，有些人在辩论的时候使用非常严厉的词语，觉得只有这样才能让对方败下阵去，将对方博得无地自容。殊不知，对方也在积蓄力量，将你逼得无法生存。因为有多大的压力，就有多大的弹力。你对对方使用多大分量的词语，对方回敬你的依然是多大分量的词语。所以，在以牙还牙的过程中，要准确衡量向对方使用词语的分量，不要轻了，也不要重了。语言的分量轻了，起不到压制对方的作用，语言的分量重了，只能再次激起对方的强烈反抗，如果对方找到相应的错误，使用的词语将会更重，这样恶性循环，不但赢不了对方，还会因此而结下怨气。所以，在使用词语的时候，一定要把握住对方用词的分量，只要能相应的反驳，对方就会败在自己手上。

3. 不要得意忘形

用以牙还牙的方式将对方驳倒之后，不要得意忘形，觉得对方已经败下阵去。你的得意忘形只能激起对方的斗志，这样一来，在一个问题上就

会陷入无休止的争斗中，这样使整场辩论变成某一个局部问题的纠结，导致真正需要辩论的题目被搁置。所以，即使把对方驳倒，也要保持低调，不要得意忘形，更不要羞辱对方。对方只是在某一点上败了，并不代表整场辩论输了，即使整场辩论输了，也没有输掉人格。

避实就虚，以退为进

西欧某国的一名外交官倚仗自己国家的强大实力，总表现出一副高高在上的模样，并以刻意贬抑他国、炫耀本国为傲。

在召开的一次重要会议中，因为信仰的不同，那位西欧的外交官和一位非洲外交官之间发生了一些不愉快，于是那位西欧的外交官在辩论当中不怀好意地当着那么多外交官的面问那位非洲外交官："贵国的死亡率想必不低吧？"

话音一落，许多发展中国家的外交官都不禁为那位非洲外交官捏了一把汗。然而，正当那位西欧的外交官暗自窃喜时，那位民族自尊心遭受伤害的非洲外交官却面不改色，他稍微思索，灵机一动，既没有正面回答，也没有默不吭声，只是冷冷地说道："我们的国家和你们的国家一样，每人死一次！"

这个回答巧妙而有力，说明了我们弱小的国家和你们一样，国与国之间都是平等的。那位西欧外交官一脸尴尬，盛气凌人的傲气也顿然消失了。

有时当我们在辩论当中碰到不怀好意的提问时，我们不妨以退为进，退一步来思考问题，不要拘泥于这个令自己尴尬的问题。在唇枪舌剑的交锋之中，不要一味地强攻疾进，就像打出拳头之前要先收回拳头一样，而收回拳头是为了更好地回击对手。所以，适当的退却有时候还会有意想不到的收获，把握以退为进的时机和方式，你就可以控制主动权。那么，要想在与别人的激辩中出其不意地战胜对方，我们该怎样做呢？

1.不要"硬碰硬"，可以答非所问

在与别人激辩时，不要刻意地去硬碰硬，我们可以换一个话题，不去正面回答别人的问题，答非所问。当我们碰到一些不能正面回答的问题时，一定不要急于做正面的反击，而应该稍稍改变，竭力避开对方的优势，趁势抓住对方的漏洞，再不动声色地予以反击。只要能够抓住对方薄弱的环节，就可以做到克敌制胜。比如，在问答当中，他问东，我们可以回答东南之类的，等等。一位记者在一次记者招待会上对一位明星提问道："最近传言的你和某某小姐的绯闻，请你说说你对某某小姐的看法。"这是一位涵养极好的名人，听完这句话，他脸色微微一变。要是一般的人，也许早就破口大骂了。只见他微笑着回答道："嗯，她确实不错，她很漂亮。"话音一落，掌声雷动。

2.注意辩论当中的逻辑性

我们说话要注意分寸，同样在辩论当中，出其不意之时更是要注意自己语言的逻辑性，不要自己抓不到对方的小辫子，反而让对方抓住自己的漏洞。不管是运用针锋相对的辩论，还是运用幽默的手法，都需要我们有很强的逻辑性。如果没有严密的逻辑性，那么，我们就常常会在辩论当中陷入对手为我们设置的陷阱，而受制于人。所以，在辩论的时候，要随机应变，不要被对方犀利的言辞所震慑，认真去推敲对方所说的每一句话，然后找到破绽。同时自己说话的时候，也要尽量严谨一些，不要用过于绝对的词语，也不要说有漏洞的话。

3.无论如何也不要慌张

很多人在被对方逼到死角的时候，往往会慌乱，不知所措，这是最容易犯错误的时候，一不小心就要被对方"痛打落水狗"。所以，不管对方的攻势多么激烈，自己一定要稳住，不要慌乱，认真在对方的论点、论据之处找缺陷。没有人把话说得滴水不漏，只要你认真，一定能找到可以攻击对方的地方。再说了，你的冷静，本身就是对对方的一种震慑，对方希望你慌不择路，掉入他们的陷阱，如果你不乱，他们内心就会慌乱。所以，辩论看起来是言语之间的斗争，事实上是双方心理之上的较量。要想不输给对方，那么无论在任何情况下都要镇定自如，不要慌乱。

借题发挥，打破僵局

一位语文老师的弟弟因民事纠纷，要与别人对簿公堂，而负责这桩案子的法官恰好是这位老师昔日的学生。一天晚上，这位老师前往学生家，希望他能念师生情谊，将手腕往他弟弟这边扳一扳。

当这位老师说明自己的来意的时候，法官一时竟不知该如何回答，气氛显得有点尴尬，一面是法律的尊严，而另一面是恩师。

法官稍微顿了一顿说："老师，您还记得给我上的《葫芦僧判断葫芦案》那一课吗？至今我还记忆犹新呢。"

语文老师很快就进入了角色："是啊，那篇课文我不仅用嘴在讲，简直用心在讲。薛蟠犯了人命案却逍遥法外，反映了封建官僚官官相护、狼狈为奸的黑暗现实。"

"是啊，护官符，使冯家告了一年的状，竟无人做主，凶犯薛蟠居然逍遥法外……贾雨村徇情枉法，胡乱判案。"法官感叹地说，"记得当年老师您讲授完这一课后，告诫学生们，以后谁做了法官，不要做糊涂官判糊涂案，学生一直以您这句话作为自己的座右铭呢。"

这位语文老师本来已设计好了一大套说词，但听了学生的一席话，再也不好意思开口了，自动放弃了不合理的请求。

有人老是抱怨自己不能被别人理解，常常因为一句话而被别人责怪，其实这也是一种不会说话的表现。在与别人的辩论之中，我们常常会被别人抓住话柄，借以攻击，令自己陷入尴尬的局面。这就需要我们在与别人的辩论之中，善于借机发挥，以此来打破僵局化解自己的危机。借题，要借得巧妙，发挥，要发挥得有理有据，才能使自己在与别人的激辩中游刃有余。那么，在辩论中我们如何娴熟的运用好这种方法呢？

1.巧以无理对无理

"以谬制谬、以毒攻毒"，我们在与别人激辩的时候，有时可以以无理对无理的方式来打破自己所遭遇的僵局。以无理对无理并不是要我们去破口大骂，那样，会被别人视为是没有礼貌的和没有教养的，也会被人瞧不起，反而会引起不好的效果。在与别人激辩的时候，我们的目的是打破自己所遭遇的尴尬局面。面对别人的诘难，我们常常会有很气愤的感觉，但我们不能将自己的情绪表现出来，相反，我们可以巧妙地找到一个突破点，用反诘的口吻来表达自己的情绪。或者说是用自嘲的方法来使得对方自讨没趣。那样，我们的目的也就达到了。

2. 善于观察

善于观察，洞察对方的荒谬论点，看其论点是否真实，其论据是否能支持论点，推理过程是否符合逻辑，从其中找出对方的漏洞，也就是善于揪住对方的小辫子，把对方的荒谬论点夸大，使其暴露得更为明显，甚至说是吹毛求疵，找到对方语言之中的矛盾来攻击，以达到反驳的目的。这就需要我们在与别人辩论时要有敏锐的观察力，善于从我们自己所遭遇的境地中间找到这个"题"，再借以发挥，或者说是自己制造一种假象，顺着对方的思维将对方引诱至自己所设的"圈套"之中。善于观察，从不同的角度去观察问题，你就会发现会有不同的解决方法，可以从不同的角度来打破僵局，并转移话题，转移别人对你尴尬局面的关注。从这个角度说不圆的理由，从别的角度来阐述，或许就可以转移你的尴尬。

3. 要有一点黑色幽默

一次，在两个人的辩论中，甲形容乙说的话像狗屎一样臭，世界上没有比这个更臭的了。这让乙非常尴尬难堪，顿时闹了个大红脸。但是只见乙不慌不忙地答道："先生，你的这个观点我是不同意的，因为据我所知，比狗屎还要臭的是猪粪。"这下轮到甲脸红了，因为，众所周知，甲曾经当过猪倌。借题发挥，我们也需要一点黑色幽默，这样的效果要比直接去讽刺对方要好得多。因为在这样的黑色幽默之中，可以让对方自己去体味其中的更深层次的意味，而让别人的注意力从你的身上转移到对方的身上。

第九章

正确道歉：一句歉言胜却百万黄金

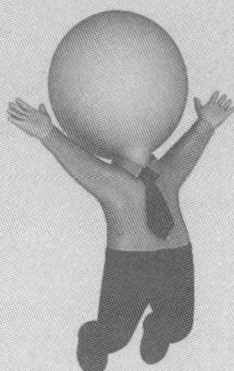

让道歉成为你的好习惯

作为一个有涵养和有风度的人，我们要形成向别人道歉的习惯，学会道歉的语言，掌握说话的技巧。这样，在我们日后的人生旅程上，我们对道歉的重要性将会有更深的领悟和理解，也为自己今后的人际关系奠定坚实的基础。

人活在世上，每天都要接触到很多的人与事，在柴米油盐的日常生活中，每天少不了磕磕碰碰。谁也避免不了被人伤害或伤害到别人，尽管有些伤害并不是有意的，但仍会成为我们生活中的矛盾，并随着双方脾气的大小而不断升级。其实，这些矛盾可大可小，一句诚恳的"对不起"，往往是缓解双方紧张情绪的最佳方法。

作为一个二十几岁的人，要学会道歉，让道歉成为一种习惯，以此来展现我们的风度。然而很多人对"道歉"十分介怀，他们不愿意道歉。似乎在中国的传统文化中，"道歉"就是"犯错"的同义词，好像一旦道歉，就意味着自己做错了什么。

父母在教育孩子时，总是语重心长的告诉他们，"要做一个诚实、懂事的孩子，做错事情要主动道歉。"然而当父母打骂孩子，误会孩子时，却什么也不说，他们觉得那是他们教育孩子的方式，是在行使自己作为家长的权威。在工作中，如果发生领导向属下道歉的事，那会被认为是"某领导承认了错误"，而不是"领导为员工做出敢于道歉的榜样"，领导自己也会觉得无地自容。在这种环境中，没有人愿意主动道歉，人人都会想，"我要道歉就说明我错了，所以我不能道歉。"

可是，我们在与人交往时，又怎么会没有磕磕碰碰呢？家人、同事、邻里间的矛盾和冲突，总要有个人来承担。如果这时没有人站出来先道歉，那么后果就是大家的关系越来越冷漠，越来越疏远，甚至到最后反目成仇。特别是在家庭中，很多家庭纷争导致犯罪的罪犯在面对镜头时都会哭着后悔，如果再给他们一个机会，相信他们会给对方一个原谅自己的机会，毕竟只有最亲的人才会组成一个家庭，他们不是为了伤害对方才在一起。如果在矛盾发生时，他们能真诚的向对方表示歉意，那么悲剧往往也就不会发生。

温大姐从事婚姻辅导工作很多年了，在她的帮助下，很多即将离婚的夫妇都破镜重圆，再度找回了家庭的幸福。问到工作的窍门，温大姐神秘地说，她的秘诀就是三个字—对不起。每当有发生纠纷的夫妇到温大姐这来时，温大姐总是分开劝解他们，她私下对每对夫妇说的话都大致一样："我知道你受了不少委屈，但请你平心静气地告诉我，你有没有做错什么，你对自己做的事后悔么？"无论对方多么的不情愿，最后总会向温大姐承认自己是犯了些错。然后温大姐再把夫妇俩都叫来，让他们把刚才的话再重复一遍。开始时尽管两个人依旧赌气谁也不理谁，但后悔的话一说出口，立马就解开了僵局，两人的感情又恢复如初。温大姐说，这一句"对不起"包含了许许多多的感情，有时就是这一句对不起，能让双方重新找回在一起的希望。所以愿天下有情人不要赌气，遇到矛盾都自我反省下，不要省下那一句"对不起"。

道歉不是"软弱""失败""犯错"的表现，在发生冲突时，我们总是习惯先指责对方，以此来为自己的失误开脱，这都是受了传统观念的影响。实际上，主动道歉并不是要我们"承认错误"，而是体现了我们对自己的行为负责。道歉的行为看似软弱，实际上它能在无形中提升我们的尊严，懂得道歉的人能意识到道歉对维持良好人际关系的重要作用。我们要建立起向别人道歉的习惯，掌握好人际关系中的说话技巧。

有时，我们不愿意道歉是因为不敢主动承认自己的错误，害怕自己会难堪。主动向对方道歉，自己会很难受，同时做起来也并不容易。但是道歉并不只是认错，当我们勇敢的用道歉来承担责任时，你会惊奇地发现，你也会收到来自对方的歉意，人际间的冲突也就此解决，你们自然能重归于好。

人孰能无过，我们可以反思一下，自己是否曾无意间说过伤人的话，做过伤人的事，在你准备道歉前，内心是否良心不安，而坦诚的道歉赢得对方的原谅后，你是否感觉心里十分舒坦。真诚道歉的人会得到对方真正的原谅，当道歉成为你的习惯时，你就会得到所有人的接纳与支持，领悟到道歉的益处。

学会道歉，受人喜欢

我们要学会道歉，学会利用道歉来经营自己的人际关系，有时，是非对错并不重要，重要的是我们的这一步后退，可以让对方感到自己被尊重，被重视。

古语说："金无足赤，人无完人。"既然人无完人，那么谁又会一生都不犯错呢。做错事并不可怕，只要能及时主动地承认，对受到伤害的人诚恳的道歉，那么一定会得到对方的谅解和宽恕。如果我们不会道歉，发生矛盾时总是坚信自己是正确的，绝不向对方道歉、低头，那么你将难以交到朋友，更缺乏知心的人。即使作为领导的你也一样，道歉不是一件令你丢脸的事，反而会有利于维护自己的威信，有错就承认，并且主动道歉的领导比那些有错就推脱责任的领导更有威信，更深得下级的信赖和拥护。

有很多直爽的人一直视"心直口快"为自己的优点，即使有时因言语不当而产生矛盾时，他们也认为是自己的性格使然，对方一定会谅解。殊不知，"口快"在某些场合只会得罪人，并不会给你带来直爽的好评。每个人都有自己的尊严，这关系到自己的地位，所以在任何时候，不要图个痛快而出口伤人，要给对方留足面子。

职场中也是如此，很多人做事认真，一丝不苟，但在有些需要迂回和变通的地方不懂得用道歉来周转，因此没有留下回旋的余地，很容易得罪了周围的同事、朋友，使自己变得孤立。我们学会道歉，其实也就是学会如何灵活处事，只要不涉及原则的问题，都要自退一步，用自己的道歉来给对方留足面子，让对方感到自己被尊重，这样可以避免人际关系出现问题，也可以给自己留条后路。

道歉不是简单的一句"对不起"，我们要学会的，是真心的、真诚的道歉，只有这种道歉才能达到我们想要的效果。承认错误时我们要诚恳，不必推说客观原因、做过多的辩解，否则，会给人一种否定自己错误的感觉。这种道歉，不但不会修复双方的感情裂痕，反而会加深隔阂，得不偿失。

道歉最需要的是诚意，道歉的语言要简洁，语气要温和、坦诚但不谦卑，目光友好地凝视对方，并用如包涵、打扰、指教等礼貌词语。只要我们的基本态度已表明，对方已通情达理地表示谅解，就不要啰唆、重复。否则，对方不能不怀疑你是在以小人之心，度君子之腹，唯恐他不谅解。

有时为了经营自己的人际关系，即使不是我们的错误，我们也要学着道歉，这不是虚伪，而是大度、是敢承担责任的表现。比如，有些客观原因，如气候变幻无常、意外的交通事故等，使我们无意失信，给对方带来一些麻烦、损失，本来我们也可以不道歉，因为毕竟不是因为自身的原因造成的，对方不好责怪你。但这时我们若主动的提出歉意，就会得到意外的收获，一来是有效排解了对方心中的郁闷，二来也体现出我们的识大体，对方也会增加对我们的好感。有时，对方为了帮助你做事而付出了艰难的劳动，但由于受到多方面条件的限制，事情没有做好，反而给自己带来了很多麻烦，这时我们怎么会没有内疚的感觉呢？若这时说几句发自肺腑的道歉的话，既体现了我们对他人劳动的尊重，也能表示我们对他人的重视。

还有一种情况，当对方不听我们的劝告，结果给自己带来巨大的损失时，我们也要道歉。这时的道歉更多的作用是安慰对方，此时我们绝不能急于批评对方的错误，更不能埋怨他不听你的劝告，而应先表示慰问，再加上歉意。以后，再利用适当的时机、场合，双方共同来总结经验教训。凡通情达理者，必然会对我们万分感激，并把我们当成可信赖的知心朋友。

主动表示的歉意，能较快消除对方可能有的隔阂、戒心，加强彼此之间的理解、信任及至合作。如果我们都能学会道歉，错了就及时承认，那么不必要的矛盾、纠纷就会大为减少，我们的人际关系也会更加和谐。

人际交往中的很多得与失都和我们的话语有很大的关系，我们拿一颗真诚的心，用巧妙的语言为人处事，学会道歉更能体现我们的风度，让我们的路越走越宽。

最佳道歉的步骤

我们要按照道歉的步骤，利用好一些语句，帮助我们摆脱困窘的处境，让对方真正感受到你道歉的诚意，并恢复到最初友好的关系。

道歉对维持良好的人际关系起着重要的作用，因此，作为一个刚刚立于世的年轻人，学会正确有效的道歉是必不可少的。也许有人会说，道歉有什么好学的，不就是一句"对不起"吗？确实，"对不起"是我们日常生活中用的最多的一个词语，当你转身不小心撞到别人，或者忘记给朋友带约定好的图书时，这个词是很适用的。但是生活并不是如此的简单，当你遇到更复杂的情况时，一句"对不起"已经不能表达自己的诚意了。这时年轻人要按照道歉的步骤，利用好一些语句帮助自己摆脱困窘的处境，让对方真正感受到你道歉的诚意，并恢复到最初友好的关系。

步骤一：真诚的承担责任

道歉是一种承担责任的体现，而不是为自己开脱责任的伎俩，你不能把道歉当作一种用来骗取别人原谅的方法。事实上，你的过失并不在于所做的事情，而是在于自己对他人感情的伤害，也许在这场矛盾中，你伤害的是对方对你的信任，或者是对方的自尊。这时你必须要真诚的承担责任，承认自己的过失，你是否是真心的道歉，每一个人都能看出来。比如，一个重要的会议你迟到了，"对不起，我为没有尊重大家的宝贵时间感到抱歉"绝对要比"对不起，今天堵车了"的效果好，前一句道歉能让人感受到你发自内心的真诚，而后一句只是你为自己的错误开脱，人们会欣赏前者的大方得体，而不满于后者的不负责任。

步骤二：不要找借口

当你向对方道歉时，就代表着你已经决定要承担这个责任，因此这时切不可再给自己找一些犯错的借口，否则会让人感到你在辩解，没有道歉的诚意。即使有时你做错事是有一些误会或客观原因夹杂在其中，你也不要在道歉的时候解释。如果你一定要解释，那也要先诚心诚意的承认自己错误的部分，并求得对方的谅解。

苏小姐的公司需要马上确认一个项目，而该项目报告在老板的办公室，老板目前却不在。时间越来越紧急，苏小姐只好到老板的办公室去找文件，正在她翻看文件时，老板推门而进，见此情景，有些不太高兴："我不是告诉你，我不在时不要动我的文件吗？"苏小姐马上道歉："我很抱歉翻看了您的文件，我以后绝对不会再做类似的事了，但是现在公司需要马上确认这个项目，请您在这个报告上签字。"老板一听，马上原谅了苏小姐，并表扬她以公事为重。

步骤三：道歉要集中于自己的错误

诚恳的道歉是要让对方感到你已经反思了自己的错误，这时，你的道歉一定要集中于自己犯的错误，而不应该一边道歉一边讲对方，这样更像是在推卸责任。

安子是一家旅行社的导游小姐，有一次她在带团时遗漏了一个细节，就是忘记带公司分配的医药包。恰巧这次旅游团里有个游客晕车晕得很厉害，不住地呕吐，他知道旅游公司一定会给导游一些晕车药，以防万一，因此他向安子要一些药。安子没有准备医药包，按理说这是安子的工作失误，她需要对这个游客道歉，可是安子的说法却让游客很不满："我很抱歉啊，我没有带医药包来，我没想到你晕车晕得这么厉害。"游客听完十分生气，要到旅游协会去投诉安子和安子的公司，安子反而觉得十分委屈，她说："我已经道歉了啊，为什么游客不能理解我一下呢？我的工作也很忙啊！"

直到最后，安子都不明白为什么自己的道歉起不到效果，其实是因为

她在道歉时，没有集中于自己的错误道歉，而是不知不觉的把责任推给了游客，如果她换一种说法来道歉，可能效果就会大不同了。"对不起，因为我的工作失误，我把医药包忘在旅馆了，请您坚持一下，我们马上就到目的地了，在那我们公司的同事已经给您准备好了药，非常抱歉，让您现在这么不舒服。"

步骤四：尽力去补救

当然，你在道歉时，最主要的是为自己的错误买单，然而有些错误是很难补救的，这时，你就要尽全力去弥补，同时还要向对方确保自己绝不会犯同样的错误，有时这样也会让对方很快地原谅你。

在补救时，你要从自己力所能及的事情上开始做，"我很抱歉，因为我的失误让公司承受损失，我已经重新修改了报告，不会再出现错误了，而且我已经想到了一个补救计划来挽回损失，请您批准。"

以上是道歉的四个基本步骤，一旦你能掌握这些原则，就能在道歉时有效的降低对方的怒气，获得对方的谅解。当然，有些人是很难交流的，即使是最真诚的道歉他们可能也不会接受，这种情况下事情已经无法挽回了，但并不是说你就可以不用道歉。世上没有后悔药，你能做的，就是真诚地道歉，努力去弥补自己的过错。

最佳道歉的方法

道歉是一种艺术，它是我们为人处世的一个方面，灵活利用道歉的方法能帮助我们改善并增进与朋友的友谊，甚至可以化敌为友。

道歉在我们的人际关系中起着重要的作用，它能体现我们的大度，同时让人们看到我们的谦恭、懂礼。道歉不是只有一句简单的"对不起"，在不同的场合，我们要学会用不同的道歉方法来表达自己真诚的歉意，这会让我们的人生充满阳光。

方法一：陈述自己做错事的原因

当错误已经酿成的时候，我们首先要坦率的向对方承认错误，真诚的道歉，使对方的怒气渐渐平息下来。然后再从主客观方面出发，向对方分析自己做错事的原因，述说自己的难处，在一般情况下，对方都会理解我们的苦衷，原谅自己。

方法二：夸大自己的错来求得原谅

有时我们在道歉时，对方会不理会，面对这种尴尬的局面，我们最好能用一些轻松的方法让对方放下架子，比如不断夸大自己的过错。当你这样做时，一是意味着你了解自己的错误，并且愿意去承担责任，二是你希望得到对方的谅解。有时你越夸大自己的过错，夸大到夸张的地步时，对方往往会忍不住笑出来，这时也就代表他原谅了你。

方法三：用书面的方式道歉

有时在道歉时，口头上的"对不起"并不能体现我们的诚意，而当道歉的话语落到文字上时，会给人一种很正式的感觉，相比之下会更有分量。我们可以给对方写一封措辞委婉的道歉信，意思简单明了即可，不要掺杂太多的个人情绪。这种方法既能显示出你的真诚，还可以免去双方见面的尴尬场面，是一种好方法。

方法四：请别人代替你道歉

在某些特殊场合中，我们不方便公开道歉时，可以求助于第三者的帮助。这个方法一是可以避免尴尬，二是第三者可以代我们求情，对方碍于他人的面子，可能就不再追究了。

方法五：让对方发泄不满

这种方法有些过激，但有时效果确实不错。当对方无论如何都不肯原谅你时，你也没必要不停地跟他说对不起，索性让对方痛痛快快的大骂一场，把心中的不满和怒气都发泄出来。否则不满的情绪一直堆压在心中，没有发泄渠道的话，我们永远都不会取得对方的原谅。

方法六：采取补偿行动

邀请对方吃个饭，在饭局上向对方道歉也不失为一种好办法，俗话说，吃人嘴短，当对方答应我们的邀请时，隔阂似乎也就不那么深了，必

要的时候，我们也可以用这种方法。

方法七：赞美对方心胸宽阔

人都是喜欢听赞美的话的，如果你想让对方原谅你粗心大意犯下的过错，就要嘴甜些。除了一些必要的恭维话，还要不停地赞美对方的心胸广阔，当对方陶醉在良好的自我感觉中时，我们再恭敬地向他道歉，大多数人仍会陶醉在你的赞美中，用自己"宽大的胸怀"原谅你。

方法八：站在对方的角度分析利弊

有时对方在盛怒之下不会轻易接受我们的道歉，这时我们首先要让对方冷静下来，然后站在对方的角度帮助他分析利弊，这样对方会感到你是真诚的，也有利于对方接受你的道歉。

有一次，一位商人到工商局投诉一名工商管理员无故对他的店罚款，罚款的理由是"证件不齐"。然而事实是工商管理员搞错了，这家店的手续十分齐全，于是这名愤怒的商人来投诉，同时扬言要把这件事捅到媒体去，让舆论来评评理。工商局长刘女士在处理这个问题时十分冷静，她先让那个管理员对这位商人道歉，然后谈了谈自己的想法。"其实，你通过媒体曝光，除了使他失业外，还能得到什么呢？倒不如我们在内部给他处罚，你自己也可以得到一定的补偿。得饶人处且饶人，也显得你有度量。"商人听罢也想：既然别人已经道歉了，再逼就未免有点过分，于是同意了刘女士的处理方法，接受了道歉。

方法九：利用小物品传递歉意

有时，我们要巧借外物表达自己的歉意。如果你觉得道歉的话说不出口，可以用别的方式。比如送对方一束鲜花，附上一张写着道歉话语的卡片；或者把一件小礼物放在对方的桌子上，象征你的歉意。

刘维不小心伤害了同学梅梅，她感到很内疚，但一直没有找到道歉的机会。于是，在梅梅生日那天，她到学校广播站为梅梅点了首歌，并留言说："梅梅，对不起，我真的不是故意的，你能原谅上周末惹你生气的朋友吗？今天是你的生日，我祝你生日快乐！"梅梅听到广播后很感动，两人和好胜初。

道歉是一种艺术，它是我们为人处世的一个方面，灵活利用道歉的方法能帮助我们改善并增进与朋友的友谊，甚至可以化敌为友。道歉不但不会令我们尊严扫地，还会让人感觉我们有修养、有胸怀。

利用道歉为尴尬场面解围

我们如果善于用道歉来为自己解围、打圆场，那么，就可以获得别人更多的赏识和信任，提升自己的人缘魅力。

我们在生活中会遇到很多尴尬的场面，这时就需要我们自己来打圆场，一般来说，尴尬的双方都是很不好意思的，因此我们需要先后退一步，用道歉来转移对方的注意力，使得自己和对方不至于陷入尴尬之境。我们如果善于用道歉来为自己解围、打圆场，那么，就可以获得别人更多的赏识和信任，提升自己的人缘魅力。

要想成功地打圆场，我们可以针对实际情况，灵活对待。道歉是个好办法，它既能表示我们对对方的尊重，还能在不经意间解决尴尬。道歉解围的方法有：

首先，转移话题，制造轻松气氛。在社交场合中，我们和对方的谈话可能因为某个话题因话不投机而闹得不愉快，也可能因为谈话内容涉及对方的忌讳的方面，这时候，谈话就可能陷入僵局。碰到这种情况，我们可以先向对方表示歉意，然后转移话题。用一些轻松、愉快的话题来活跃气氛，转移双方的注意力，使原来僵持的场面重新活跃起来，从而缓和尴尬的局面。而我们在道歉后，对方消除了芥蒂，然后我们让对方换个角度来看待问题，使对方在轻松的环境中认识到自己与我们的看法是有共同点的，从而停止无谓的争论。

其次，先道歉，给对方一个台阶下。生活中，有些人之所以在交际活动中陷入窘境，常常是因为他们在特定的场合不会运用语言的技巧打破僵局，不会用道歉来解决问题，于是就造成整个局面的尴尬和难堪。其实，这时候，我们最机智的方法就是先道歉，用一个合情合理的解释，给对方一个台阶，对方的尴尬解除了，正常的人际关系也能得以继续下去了。

最后，善意曲解，化干戈为玉帛。有人说，善意的谎言是美丽的，在交际活动中，可能因为别人语言上的失误而造成尴尬的局面。这时候，我们不妨装聋作哑，故意曲解别人的话语，先向别人道歉，善意的将局面转到轻松的方向发展。

在交际场合中，谁都希望自己可以处处得意，说话得体，让自己拥有好人缘，可是人都是会犯错误的，难免会在语言上有失误。如果失误已经造成了，我们能做的就是想办法去弥补，否则只会让失误成为人的笑柄。那么我们应如何从狼狈的境地中走出来呢？主动的道歉就是一个随机应变的好方法。

道歉首先让对方对你产生了好感；然后，我们就要用分散注意力的方法，转移话题，把别人的注意力吸引到其他方面。比如用幽默或玩笑的方式转移目标，对方会立即对你的幽默话题感兴趣，这时候，个人紧张的话题就变成了轻松的玩笑，也改变了人们的心情和处境，于是就巧妙得体地摆脱了自己遇到的尴尬场景。

在日常的交际中，当我们处于尴尬的场面时，我们要冷静，要充分发挥语言的技巧，要善于用得体的语言巧妙的打破僵化的局面，而在这个过程中，道歉就是一个开场白，通过道歉来让对方感觉到你的诚意。同时，我们还要从容自若，调整思维，巧妙的道歉。这种道歉往往不就事论事，而是换几个角度，别出心裁的打圆场，但又不偏离问话的限制。这样不仅能化解矛盾，更能体现出我们的乐观豁达和处世智慧。

用道歉来压制自己的情绪

真正善于道歉的人都明白，怒气尽量忍在心里，用道歉来抑制感情，这样才能使大事化小，小事化无。

生活中，总是有这样一些二十几岁的年轻人，在和别人交谈时，总是在他人的话里寻找漏洞，以此来炫耀自己的知识渊博，如果对方不买账，就会勃然大怒，这种人是会给人留下非常蛮横无理的印象。在与别人交谈时，必须要保留自己的态度，不要动不动就发怒，否则对方会产生一种排斥的心理。有些事情你若非要辩解清楚，不仅达不到目的，反而会让自己的人际关系受到影响。

在现实生活中，令人生气发怒的事是经常发生的。作为一个头脑冷静的人，总是先反省自己，理智的处理各种不愉快，主动的向对方道歉，做到以责人之心责己，以谅己之心谅人，这样就容易使自己静下来。当然，忍气制怒并不等于生闷气，而是通过忍耐来争取时间去冷静思考，从而得出尽可能与实际情况相符的结论，这才是理智的做法。

一个人要有勇气承认自己的错误，也可以获得某种程度的满足感。主动的道歉不只可以清除我们的罪恶感和自我维护的气氛，而且有助于解决这项错误所导致的问题。别人和你谈话时，他根本没有准备请你说教，大家说说笑笑就算了，所以，聪明的年轻人切不可随时摆出像要教导别人的样子。

二十几岁正是年轻人事业和梦想的起步阶段，年轻人要想成功，就必须做到：把眼光放在远处，从长远利益考虑问题，力戒因小失大。所以，遇到冲突时，应该以愉快的心情来处理碰到的各种问题。即使怒不可遏，也要尽量忍在心里，不要爆发，用理智来抑制感情，主动的向对方道歉，这样才能使大事化小，小事化无。

明确地向对方表达歉意

人们要明确的向对方表达歉意，首先就要先清楚自己为了什么道歉，明确自己道歉的目的，这样一来，道歉时人们就能简洁明快，知道自己要说什么话了。

在我们的日常生活中，有这样一种人，他们做事漫不经心，讲起话来十分啰唆，让人听不出他们到底想表达什么意思。有时候他们想向对方表达自己道歉的意愿，但却目的不明，不知从何说起，因此说了一堆与道歉无关的话，让对方更加心烦。这种人不知在跟人道歉时要如何应对，因

此即使他们心地善良，没有恶意，但还是不能得到对方的谅解。

年轻人在道歉时，啰唆的说话方式是不可取的，它会让对方神经紧张，心情厌烦，内心的厌恶更深一层。我们道歉的本意是就某件事请求对方的原谅，而啰唆一番之后，我们只是浪费了别人的时间，丝毫没有取得道歉的效果。

明确说话的目的，是取得道歉成功的首要条件，目的明确的谈话、社交往往能够取得良好的效果。我们在平常的生活和人际交往中，失言是不可避免的，失言的原因是多方面的，但其中最根本的原因，往往是因为我们缺乏清醒的目的意识。只有明确了道歉的目的，我们才知道应准备什么话题和资料，若目的不明，不顾场合地信口开河、东拉西扯，对方就会不知所云，无所适从，这样的道歉不仅达不到预期的目的，还会使对方产生厌烦感。

明确之后，我们就要采取道歉的行动，在道歉的过程中，我们除了要表现自己的真诚，还要注意以下几点。

第一，用心听对方说的话。有时候，倾听比说话还重要，在接受道歉后，对方若心有不满，少不了会抱怨几句，因此我们一定要认真的听对方发泄怒火，并不时的认错，万不可心不在焉。如果对方正在抱怨，我们一副觉得很无趣的表情，那么对方是不可能原谅你的。

第二，细心观察对方的反应。在道歉的同时，我们还要细心的观察对方的表情，不要以为只要表达了歉意就算完成了任务。要知道，我们道歉的真正目的是要对方真的原谅你，而不是嘴皮上走的过场。当我们道歉后，若对方一脸的漠然，不停的打哈欠，那说明他没有接受你的道歉，因此我们要赶快转换语言和话题，换一种方式道歉。

第三，清楚明白的表达自己的歉意。没有条理的道歉是最不能让人接受的，它会让对方认为我们思想混乱，十分敷衍，感受不到我们道歉的诚意，这种程度的道歉没有人会愿意接受，因此我们要梳理好自己的思路，用简洁的语言表达自己的歉意。

第四，利用朴实的语言表达歉意。我们道歉的话语要生动、有说服力，因此朴实通俗的词语最有效。语言的作用是帮助人交流，实现沟通的效果，而那些辞藻华丽的道歉，让人很难接受，因为多数人并不喜欢繁冗复杂的辞藻，他们更喜欢我们能用简洁、朴实的语言来道歉。

大量华而不实的语言堆砌起来的道歉话语，会让人认为我们在卖弄、浮夸，严重的会让人感到我们的虚假、不真诚。所以在我们道歉的过程中，真诚才是唯一的准则，一旦让人感到我们缺乏诚意，那我们的道歉就很难让人接受。

我们不要认为朴实的语言是贫乏、呆板的。其实道歉的话语越平实，反而会有种生动和亲切的感觉，才会更贴近生活，更容易让人接受，仅仅凭借语言的繁缛、华丽、咬文嚼字是不能达到这样的效果的。

用道歉展现你的宽容

如果年轻人能先退一步，主动的道歉，那么矛盾自然就会化解，也许矛盾的争端并不是因你而起，但主动的道歉体现了年轻人的宽容，这是一种明智的处事原则。

作为社会中的一员，年轻人在日常的生活中需要与各种各样的人接触，因此在人与人之间难免会发生摩擦，出现这样或那样的误会。这时如果双方都针锋相对，谁都不让谁的话，就会引发矛盾，破坏了原本和谐的关系。解决的办法其实很简单，只要年轻人能先退一步，主动的道歉，那么矛盾自然就会化解。也许矛盾的争端并不是因你而起，但主动的道歉体现了你的宽容，这是一种明智的处事原则。生活中多一些宽容，年轻人的生活就会过的更加温暖，更加幸福。

刘老师是一个德高望重的女教师，她的学生遍布祖国各地。退休后，有一次她骑着自行车在路上闲逛，这时一个年轻的女士也骑着自行车，从另一个方向疾驶而来，由于刹车失灵，这个年轻女士竟撞到了刘老师，但是这个年轻的女士一点道歉的意思都没有，反而一副先声夺人的气势："你这个老太太会不会骑车啊？马路这么宽你不会靠边点啊！"刘老师对对方的野蛮无理丝毫不介意，只是不断地向对方道歉："看来你的自行车

骑的很好啊。"听了这句话，那位年轻女士才仔细打量了下面前的这个老太太，一看才发现，竟是自己的恩师。年轻女士立马羞红了脸："刘老师，我、我不是故意的，我、我错了……"刘老师没有教训她，只是和蔼地看着自己的学生，这令年轻女士更加羞愧难当。

缺少包容之心的往往是那些自私的人，他们为了自己的私利，不断地去争抢，一点亏都吃不得。与他们相比，主动道歉的人品质比他们高尚多了。年轻人要识大体，懂得宽容的心，就会得到周围朋友的支持与喜爱，因为是非对错其实并没有那么重要，先道歉的一方，并不代表自己就"错"了，因为当一切都好转时，你会发现，自己先退的那一步，恰恰是让你们关系能够风平浪静的那一步，而对方也会发现这个原因，继而惭愧不已。

无论是在生活中，还是工作上，年轻人可能经常会遭遇到别人的指责。有的年轻人能平心静气的听别人的指责，看对方说的是否正确，而有些人却挂不住自己的面子，立即还嘴反击，结果弄得场面更加无法收场。其实言语上的指责只是个人情绪的一种发泄，并没有什么深刻的意义。如果年轻人在受到别人的指责时先反省自己，主动低头道歉，这种宽容的胸怀反而会让开口指责的人感到不好意思。

苏苏是一家广告画室的专职画手，画图时最要紧的是要画出编辑要的意境，然而人与人的审美不一样，因此苏苏的编辑总是对她的画作不满，老是挑她画上的小毛病。这次苏苏交稿时，那个编辑又显得异常不满，已经做好准备要好好批评她了，苏苏知道这个编辑总是挑她的毛病，有时甚至有点小题大做，但自己也确实存在错误，因此她就采取自责的方式，主动的先向对方道歉。

"编辑老师，你说得很对，一定是我错了，而且错的不可原谅。我从你这接过好几次工作了，应该知道如何避免这些错误才对，我真的很惭愧。"

没想到编辑老师竟然没有生气，反而为她分辨说："是的，你说得对，不过这并非大错，也无大碍……"苏苏马上插嘴说："错大错小，都一样不应该，这样会给别人看了不高兴的。"

编辑老师打算插嘴说话，但苏苏却没有给他机会。她继续说道："我实在应该小心才是，你给我那么多的工资，理应得到满意的东西，所以我想我应该把这幅画重新画一张。"

"不！不！不用了！"编辑老师坚决地说，"我不打算再麻烦你。"于是他夸奖苏苏画的画，说只需稍加修改就很完美了，况且这一点小错，也不会使公司有所损失，一点小节就不必过虑了。

苏苏的自我批评，主动道歉，最终使得编辑怒气全消，这种做法既显示了苏苏的宽容胸怀，又显示了编辑老师的正确，提高了他的地位，最后双方都十分的高兴，没有再爆发新的矛盾。

我们不妨试想一下，如果苏苏换一种做法，面对编辑老师的批评极力为自己辩解，又会怎么样呢？他们还会这么和谐的讨论工作么？答案当然是不会。所以只要事情没有让你失去自己立场，那么不如先一步用自责的话去向对方道歉，这样对方也不会再指责你，同时主动道歉也体现出你的宽容和识大体。

年轻人学会主动道歉，这是一种明智的处世方式，即使错不在你，但道歉并没有让你失去什么，反而表现出一种识大体、放得下的豁达。拥有好品质，年轻人才会拥有精彩人生！

道歉时怎么让语气更温婉

即使当你做错了事，向对方道歉的时候，对方也会因你的温婉的语气而原谅你，可以说，语气温婉的道歉不仅能展示你的修养，更能提升你的魅力。

委婉的语气，优雅的谈吐，这些都是高素质、高修养的标志，在我们的社交生活中，优雅的谈吐发挥了不可估量的作用。古往今来，和颜悦色、语气温婉的人都是受人尊敬的人，他们的语气亲切，措辞委婉，人们与他们交谈会倍感亲切。所以当我们做错了事，用一种温婉的语气向对方道歉时，即使对方很生气，也会因温婉的语气而原谅我们。

一天，一家服装店来了一位十分挑剔的女客人，营业员给她拿了好几

套衣服试穿，结果挑了半个钟头她还是没选好中意的衣服，而恰好这个时候店里顾客也多了起来，营业员不得不去照应别的顾客。这时那位女顾客便认为自己被冷落了，于是把脸沉下来，大声地说道："你怎么是这样的服务态度？没看见是我先来的吗？快让我先买，我还急着做别的事呢。"

这句话听着实在刺耳，倘若营业员在此时真的同她较真儿，必定会吵得不可开交。然而，营业员却没有这样做，她安排好其他顾客后对这位女客人说："请原谅，我们店生意比较忙，对你服务不周到，让你久等了。"营业员的态度和语气真诚而谦和，丝毫没有要争执的意思。这反而使得那位女顾客的脸一下子红了，转而难为情地说："刚才我说话不好听，也请你原谅。"

女营业员温婉的语气充满了对客人的尊重和理解，从她身上我们不难看出，不是只有咄咄逼人的语气说的话才会让人信服，当我们用这种温和的语气向对方道歉时，本身就已经具有了一种感化力，对方的心理也会发生变化，自然就会降温熄火，不再生气了。

人与人的思想总有不同，当我们与别人的意见不同，又想坚持己见时，争吵不是唯一的办法。此时我们不妨试着用委婉的语气，向对方表示自己与对方意见不同的歉意，同时再表达自己的立场，也许会取得意想不到的效果。

娜娜是语言大学的高材生，她懂得好几个国家的语言，因此在毕业分配时希望能在一些进出口公司找到一份秘书的工作。但是，绝大多数公司都回信告诉她，因为正处于经济危机时期，他们不需要用这类人才。不过他们会把她的名字存在档案里……在这些回复中，有一封信这样写道："你完全没有了解我们的用意，我们根本不需要什么替我写信的秘书。即使需要，也不会请你这样一个连瑞典文也写不好，信里全是错字的人。"娜娜看到这封信时，气得简直要发疯。面对如此直接的羞辱，她也决定写一封信，想气气那个人。但她冷静下来后对自己说："等等！我怎么知道这个人说得不对呢？瑞典文毕竟不是自己的母语。如果真是如此，想要得到一份工作，就必须不断努力学习。他用难听的话来表达他的意见，并不意味着我没有错误。因此，我应该写封信向他表示歉意才对。"

于是，娜娜重新写了一封感谢信："你写信给我，实在是感激不尽，尤其是在你并不需要秘书的情况下，还给我回信。我没有弄清贵公司的业务实在感觉很惭愧，先对你表示诚挚的歉意。之所以给你回信，是因为听他人介绍，说你是这个行业的领导人物。我的信上有很多语法上的错误，而自己却不知道，我倍感惭愧，而且十分难过。现在，我计划加倍努力学习瑞典文，改正自己的错误，谢谢你帮助我不断地进步。"

这封信发出不久，娜娜就收到那个人的回信。不仅如此，她还因此从那家公司获得了一份工作。可见，语气委婉的道歉，对自己的人生将会起到至关重要的作用。

宽阔的心胸是一种风度，更是一种气度，温婉平和的道歉会让无理取闹者羞愧，会让通情达理者乐于同你交流。日常生活中不乏一些心地善良但心直口快的人，纵然他们是好意，但说出的话却不能被人接受。而语气委婉的人，能通过自己的优雅谈吐让他人愿意与自己交流，遇到事情，他们也会用自己宽容的心，先向对方表示歉意，这让对方更加佩服于他们的修养。

道歉要真诚

一般情况下，我们饱含真诚的道歉总是能得到别人的原谅，这种发自内心的真诚不仅可以弥补破裂了的关系，而且还可以促进彼此心理上的沟通，使双方关系变得更为牢固。

道歉是一件困难的事情，因为这可能涉及"面子"问题。然而当我们做了一件不利于他人的事情时，就应当对受到影响的人说声"对不起"，这是每个人的礼仪教育必修课。

在人际交往中，每个人都不可避免地会说错话、做错事，伤害人也就在所难免了。严重时，甚至给别人造成沉重的精神负担和巨大的经济损失。这个时候，我们需要及时认识到自己的错误，真诚的向对方道歉，并主动承担责任。我们充满诚意的道歉，应该是语气温和，态度坦诚直率

的，而不是躲躲闪闪的，更无需夸大其词、奴颜婢膝，把黑一股脑地往自己脸上抹。那样，别人不仅不会接受你的道歉，反而还会认为你这个人非常虚伪，从而更加反感。

你要注意的是，道歉必须要诚心诚意，同时还要找准时机。我们在道歉时，不必找客观原因来为自己辩解。如果真的是有非解释不可的客观原因，也最好将其安排在诚恳道歉后稍微解释，而不要一开口就辩解不休，这样除了激化对方的情绪，加深彼此的隔阂之外，几乎没有任何作用。

其实，在现在这个社会中，"对不起"好像已经变成了我们的一种社交辞令。有些人的道歉并不真诚，他们不会讲各种理由，而是直接就道歉，他们认为这种圆滑的方式比较容易得到对方的认同，因此用更加拼命的道歉来博取别人的谅解。

前几天小幽到一家咖啡店喝咖啡，在她隔壁座位坐着一个男孩子，他一直不停地看表，而且不停地向门口张望，大概是被女朋友放了鸽子，所以才会一副落寞的表情。过了一会儿，一个女孩子气喘吁吁地向那个男孩跑过来，并且不住地道歉说："对不起，我来迟了。"这个男孩子的表情顿时开朗起来："不，我也是刚刚才到。"这个女孩子一坐下就先说："还有一件事我要跟你道歉。"原来因为太匆忙而把男孩子托她带来的东西给忘了，不仅如此，她还说自己有别的事情，所以无法久留。只是拼命地说："对不起，真的很对不起。"连咖啡都没喝完就匆匆地走了。小幽看那个茫然目送女孩离去的男孩一直在苦笑。作为旁观者，小幽都觉得这个女孩子的道歉太敷衍人了，也许她在内心并不觉得自己做错了，道歉只是一种权宜之计，象征性的表明她的歉意。

其实说到底，道歉是日常生活中的一个重要环节，我们要想在繁杂的人际交往中游刃有余，关键就是要待人真诚，道歉时也要真诚，否则不仅不会得到对方的原谅，而且在自己日后的生活中也会徒添很多麻烦。

心心的记忆中有两个同学，他们都曾为自己的过错向别人道歉，然而得到的回馈却不一样，原因就是他们的道歉是否真诚。心心的一个小学同学，经常凭借自己的力气大欺负小同学，动不动就把同学打的鼻青脸肿。在老师的逼迫下，该同学屡屡向对方道歉，但由于道歉并非出于诚心，所以过不了多久他就又故态复萌。后来，大多数同学已经不再接受他的道歉，没多久，这位同学就被学校劝退了。心心的另一位同学曾因交通事故致使一位过路人受伤，但他立即停车保护现场，并求人帮助抢救，还倾其所有支付费用，诚心的向伤者家属道歉。虽然最终没有挽救回伤者的生命，但他的诚心感动了伤者家属，得到了家属的原谅。

心心说，虽然这两件事不具有可比性，但给她的启示非常大。有时候，事情是否有转机全看这个人怎么做，无心为之之事却有心挽救，有心为之之事而无心弥补，对受影响的人来说心理接受程度上是不一样的，所以第一位同学即使造成的伤害很小，也没有人愿意原谅他；而第二位同学即使造成的伤害很严重，但他的诚心诚意感动了所有人，家属们都知道他尽了最大的能力去挽救，因此他获得了原谅。

作为二十几岁的年轻人应该从这两件事中受到启发，事在人为，只要你真心的道歉，而不是仅限于"对不起"三个字，竭尽所能的弥补自己的过失，体现自己的诚意，这样，别人才会原谅你，最终你会获得一份心安理得！

第十章

看人说话：分清场合选择说话方式

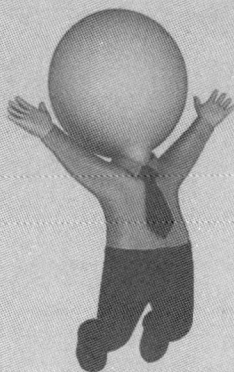

多种技巧面对批评

郭明是一位作家，有一次她应邀到某大学进行演说。当她结束了精彩的演说时，听众报以热烈的掌声，接下来郭明要回答听众的问题。纸条一张张递上台去，郭明一一从容作答，语言得体流畅。突然，她看到一张字条上赫然写着两句刺眼的话："你有些作品只是二三流的，却都能发表在有名望的刊物的显著位置上，这是否得益于你的名气和背景？"

这分明是一句有意贬低人的话！郭明的笑容顿时僵住，显得有些尴尬。该怎么办？聪明的郭明完全可以原文照读，坦然作答。然而，她却是这样回答的："我的作品的发表同我的名气和背景毫无关系。说我的作品是二三流的，那是你个人的看法，我认为我的作品不是二三流的。"郭明的自尊心受到了伤害，语气中明显有几分冲动。好在提问者没有继续发问，这场小"危机"就这样过去了。

可以说，郭明在这种场合下面对批评的反应是不可取的，若你像郭明这样，在毫无准备的情况下，突然遭遇逆耳之言时，知不知道该如何应答呢？这要视具体情况来分析。

假如对方说得有道理，我们完全可以诚恳地接受批评："你说得对！以后我会注意的。"或者设法拖延。批评你的人已经制造了一个对他有利的对立形势，但是通常情况下，你不必立刻答复他。"你的意见我会认真考虑的，明天早上继续聊吧。"这类话语是较合理的应对方法，而且能使你在一定程度上取得部分控制权。

如果错误不在你，那么你就不要急于反击。反唇相讥对你有害无益，那样只会给旁观者留下不好的印象，就像郭明一样。

通常情况下，常见的应付批评的说话技巧有以下几种：

技巧一：使用俗谚

使用俗谚简直可以起死回生。俗谚可以使人产生"那是真理"的错觉，而大多数人都不得不服从于真理。当对方催你赶快作决断时，你就可以说："俗话说'欲速则不达'，在这种紧要的关头，我们首先要做的是先稳住阵脚，再从长计议。"

当对方以丰富的知识攻击你的无知时，你还可以说："俗话说得好，'知而不行，犹如不知'，我们应重视这一点。"

技巧二：找借口

找借口也不失为一种面对批评的好办法，这时的要诀是你必须故弄玄虚，要有背水一战的决心。"我完全理解你的意思，但你何必这样严厉地指责，使彼此伤和气呢？再说了，你就完全没有问题吗？你这种欺人太甚的态度，实在让人难以接受。""或许你说得对，不过我得告诉你，按规则做定会通行无阻，但是如果你固执己见，原本可以成功的事情也会失败的。"

你必须在话题以外寻找借口，反将对方一军。因为在此之前，你是处于被动挨打的地位，因此必须要跳出原来的问题，找到新的制胜点。

技巧三：不断发问

不断发问是你扰乱对方阵脚的有效方法。"你刚才说有必要检讨一下，这是什么意思？""你刚刚说要建立全体参与的体制，所谓全体是指哪些人？而且是哪种参与方式呢？"

像这样连续发问，对方早晚会露出破绽。因此你就锲而不舍地与对方缠斗下去，直到对方不耐烦地脱口而出："这完全是无关紧要的芝麻小事！"于是你便有机可乘了，你可以反驳对方："怎么可以说这是芝麻小事呢？只要我还有疑问，你就应该解释清楚，不然我怎么能完全了解呢？"

技巧四：多使用"比如说"

这种方法也能帮助你摆脱被批评的困境。即使对方有条有理地高谈阔论，有时，只要以下列的方式发问，对方就会立即崩溃。例如："比如说，适合什么情况？""比如说，你能想出适用的方法吗？"。即使对方

的话非常有道理，并且也非常合乎逻辑，但是一旦他无法回答"比如说"问题，难免会不知所措。

当你要求对方"举出例子"的时候，能够立即回答的人不多。这时，对方显然已处于劣势。你就要不失时机地说："你说的我完全明白，不过，要是不知道具体的用法，无疑是纸上谈兵，还有什么意义可言。"

打破冷场的巧言妙招

冷场是人在日常交际时，由于话题不合或反应不够快而短暂出现的无人搭话的尴尬场面，我们要想摆脱这种低气压的冷场状态，就要多学习几种打破冷场的小技巧，重新让谈话气氛活跃起来。

这些技巧一方面能帮助我们缓解尴尬的场景，另一方面也能顺利切换到更合适的话题中，重新让谈话气氛活跃起来。

当我们在日常交际时，最希望的就是与他人相谈甚欢，让双方的关系从不熟悉慢慢发展到熟络，但是如果谈话中有一方不善表达，或者没有谈话的欲望，那么冷场就会不可避免的出现。出现冷场的原因无外乎这几种：

（1）初次见面，双方不熟悉。

（2）年龄差异大，爱好不同。

（3）性格不同，做事风格不同。

（4）双方都不善言谈，不知如何开口。

（5）双方有矛盾，感情不和。

（6）双方的谈话内容有利益的冲突。

（7）熟识的人因长期未见而感觉有些疏远。

我们在与人交谈时，尴尬的冷场就是一个交谈失败的征兆，人们在谈话时，一定要提前做好准备，预防冷场的出现。比如参加多人谈话，我们要精心挑选对象，不但要考虑他们的性格和是否有必要出席，还要考虑他们是否会积极发言，以免光听不答，让气氛很尴尬。

避免冷场是谈话双方共同追求的，但万一出现冷场时，我们可以用下面的小技巧打破冷场：

（1）转移大家的注意力，向他们介绍一些新的事物。

（2）提出新的话题，让多数人都对它产生兴趣，并愿意发表自己的看法。

（3）故意制造一个话题的争端，引起两方人的争论。

（4）开个玩笑，做个小游戏，帮大家放松一下紧张的心情。

话题是我们在谈话时最重要的内容，有些无趣的话题让人根本没有附和的兴致，因此才会导致冷场。为了避免冷场的尴尬，我们要准备些"库存"的话题，而且这些话题都是能引起对方兴趣的，这样才能在冷场时产生"救急"的效果。

一般来说，多问问题可以表达对他人的关心，所以有时多问问对方的情况是很快打开对方心扉的突破口，以下这些话题都能让对方十分乐意与你开始交谈：

（1）如果对方有孩子，问问她（他）孩子的事情，孩子永远是自己的好，提到自己的宝宝，谁都会有说不完的话。

（2）问问对方的爱好，一般人都会很乐意和对方分享自己的乐趣，这也是加深双方感情的小技巧。

（3）如果是男人，就问问他如何把自己的事业做得这么好；如果是女人，就问问她是如何把自己的家操持得这么好。这一问不仅夸奖了对方，还能让对方发现自己有很多话要说，从而说个不停。

（4）问问对方生活的地方是什么样子，有什么特色，很多人都对自己生活的地方有很深的感情，可能话不会多，但一定充满了感情在里面，这时对方就会放下警惕的防线，和你海阔天空地谈论起来，冷场的局面不攻自破。

（5）如果对方的年龄比你大很多，那么就多问问他们孩子的情况，一旦打开他们的话匣子，他们的话题就会从市政改革、风俗变迁一直谈到自己子孙的近况，你一点都不用担心会有冷场。

总体来说，不同的人有不同的内心感观，冷场往往出现在他们不感

兴趣的话题上，比如做家事是女士很热衷的话题，但和男人谈论这些他们会兴趣缺乏，文字工作者不喜欢别人对自己的作品议论纷纷，企业名人不喜欢在休息时还不停的被人问工作的事，事业失败的人不喜欢老被问为何事业没有起步，等等。因此破除冷场时选择的话题，必须是对方感兴趣并经历过的内容。同时，关心、体贴、热情的态度也是让人肯多开口说话的"武器"，温和的笑容会让不发一言的对方感到温暖，"冷场"的寒冷气氛也会被一扫而空。想改变冷场的人们要记住以上几个小技巧，让话题、气氛、态度来成为你破除冷场的小法宝吧。

不要"哪壶不开提哪壶"

在不同的场合，年轻人说话的时候要讲究一些技巧，比如说话时要娓娓道来，不要随便插话等，这些技巧都能帮助年轻人在与人交流时，博得对方的好感，令双方的感情迅速升温。

在我国有这样一句谚语："哪壶不开提哪壶"，意思就是说：说话不注意场合就容易失去分寸，更会使我们所说的话的本意出现扭曲，造成双方不快。

在现代社会的交际中，一个年轻人的说话能力往往决定了他的人际关系。年轻人要懂得"投其所好"的道理，不要揭别人的短，很多时候，装装傻倒让你赢得更多的赞同。而如果你非要表现自己擅于"发现"的能力，非要哪壶不开提哪壶的话，不但不能让你和对方在感情上更进一步，反而会惹人厌。

在不同的场合，年轻人说话的时候要讲究一些技巧，才能让你给对方留下一个好印象，加深你们之间的感情。说话的时候要三思而行，不要心急口快，你要考虑一下这是不是触及到了对方的敏感区域，是不是对方所忌讳的。发现了别人的缺点和错误更不能马上指出来，这样会让对方下不来台，局面也就尴尬起来。要把"哪壶没开的水"放在那里，别去"提它"，避开别人的短，这能让你在与人交流时，博得对方的好感，令双方的感情迅速升温。因为别人会发现你的通情达理，会发现你是个会站在别人角度考虑问题的人。

早年毕业于某高等院校中文系、辛辛苦苦工作了几十年的张老师退休了，为此，学校准备给他和另外一个老同志一起办一次欢送宴。同时，学校还借此机会，让学校刚来的几个新老师和张老师见一下，希望日后可以向他请教教学工作中遇到的问题。当两位受欢送的退休老同志致答谢辞的时候，他们对大家的赞誉做了深情的感谢。一时间，会场里充满了一种令人动情的温馨气氛。作为答谢，话本该说到这里为止；然而，张老师却并未就此打住，却由人们对另一位"先进"的赞扬中引发了感触，并做了颇为欠当的联想和发挥："说到先进，很遗憾，我从来也没有得过一次……"话犹未尽，坐在他对面的刚来的青年教师突然抢了话头："不，我听说了，那不是你的错，是那些老师不好，不是你不配当先进，是怪他们没有提你的名。"话语中让人听着似乎带着一种不肯饶人而又让人难堪的"刺"。冷不防，老教师的眼角眉梢被"刺"出了一股感伤的表情，一时间会场中出现了一种快快不悦的尴尬气氛。一位领导见势不对，马上接过话茬儿，想把气氛缓和一下。照理说，这时，他应避开"先进"这个敏感的话题，转而谈论其他。然而，他却反反复复劝慰那位退休老教师，叫他对"先进"的问题不要在意，说没有评过先进，并非等于不够先进，先进不仅仅在名义，当然还更要看重事实，等等。一席话，也就等于把本应避而不谈的话题做了重复与引申，使本已尴尬的局面显得更加尴尬。

这样一个本来很欢快的气氛就因为那个青年教师的揭短而变得尴尬了，而这个领导更是火上浇油，虽然他的本意不在此，可是却将场面变得更加尴尬。这种场合对那个青年来说，本来很重要，因为这是他和张老师的第一次见面，这次见面本来可以加深他和老教师之间的感情，可是却因为他不小心，"哪壶不开提哪壶"。可想而知，事情之后，他给张老师留下的也是很坏的印象，张老师也就不可能会把几十年的工作经验向他透露。

揭别人的短就是让人陷入尴尬的境地。你想，一位勤勤恳恳工作了一辈子的老前辈即将退休时，却让这个不懂人情世故的后生毁了形象，他肯

定心中不快，自然青年教师和他之间不会加深感情，反而会让他对青年教师产生厌恶感。

所以，作为二十几岁的年轻人，在和人打交道时，千万别"哪壶不开提哪壶"，这样会让对方很尴尬，想加深感情更是无从提起。年轻人应该掌握灵活的说话技巧，让你的人际关系越来越好。

考虑自己要说的话是否合适

在日常交际中，人们要注意自己说的每一句话是否符合自己说话的场合，如果场合不对，那很可能会给我们带来难以解决的麻烦。

相传在春秋时期，越国有一个人大摆筵席，宴请宾客。时近中午，还有几个人未到。他自言自语地说："该来的怎么还不来？"听到这话，有些客人心想："该来的还不来，那么我是不该来了？"于是找个借口起身告辞而去。

这个人很后悔自己说错了话，连忙解释说："不该走的怎么走了？"

其他的客人心想："不该走的走了，看来我是该走的！"也纷纷起身告辞而去，最后只剩下一位多年的好友。好友责怪他说："你看你，真不会说话，把客人都气走了。"

那人辩解说："我说的不是他们。"

好友一听这话，顿时心头火起："不是他们！那只能是我了！"于是也生气地走了。

这个可怜的越国人，直到最后所有的客人都走光了，他都不明白是自己说的话给自己惹了祸。从这个故事中，我们要有所领悟，就是因为这个越国人在说话之前没有注意场合，好好考虑一下自己说的话，才造成了这样的结局。

当我们在与不太相熟的人交谈时，应把对他人的尊重摆在第一位。以诚待人，不评论他人的隐私和是非，每说一句话都要先思考自己说的话是否合适，不要自以为是、口无遮拦的说长道短。我们和亲近的亲人或朋友或许不用如此小心谨慎，而对自己的领导、长辈、不熟悉的朋友，在谈话时还是注意一下场合，以免"祸从口出"。

张华和刘英是一对形影不离的好朋友，两人私底下无话不谈。在一次同学聚会上，张华一时兴起，嘴上便少了个把门的，笑着对大家讲了刘英暗恋班上某男生的事，而那位男生已经有了女朋友，而且当时也都在场。一时间，弄得刘英很尴尬，下不了台，只得哭着跑开了。

张华的一时兴起，在不合适的场合透露了刘英的隐私，导致双方都尴尬不已。这就是不考虑说话场合的下场。实际上，我们在和任何人交流的时候，都要做到"三思而后说"，不然往往会给我们造成难以挽回的损失。

有一位一心巴结上司的下属去给他的领导祝寿，席间他当着众人的面说："希望我们的老厂长将来能大富大贵，死后也风风光光。"一席话说得这位厂长脸色发青，认为这个下属故意咒他早死，因此不顾贵宾云集，竟摔杯而去，弄得这位下属好不尴尬。

这位下属就是因为说话之前不考虑，在祝寿的场合说错了话，结果就得罪了领导。由此看来，说话之前的考虑的确很重要。

我们在与人打交道时，不要图口快，要细心地想一想自己说的话是否适合现在的场合。同样开玩笑的话在同学聚会上可以，但在公司聚会上就绝对不行。每一个想提高自己口才和临场反应能力的人都要不断学习，提高自己的决断能力，在想问题时要周到、细心些。有时语速慢一些，不仅是一个沉稳低调的表现，也是自己给自己一个缓冲的时间，想想自己想说的话是不是适合这个场合，再决定是不是该说出来。当我们能做到这些时，就可以给对方一个比较完美的答案。

三思而后行，三思而后说。我们在说话之前要仔细考虑好所有的情况，自己的话是不是适合这个场合，才能够顺利地达到自己的目的；否则，就有可能把事情搞砸。

社交场合的口才技巧

在社交场合中，我们一定要根据对象、环境、时间的不同，该多说时不少说，该少说时不多说，否则既会影响我们的说话效果，又影响了我们的社交形象。

当二十几岁的年轻人在社会闯荡时，会遇见不同的人，和不同的人交往往往也需要不同的谈话技巧。一般来说，社交作为一门交往艺术，光有礼貌的言谈举止是不够的，八面玲珑的说话技巧才能帮助我们处理好日常的人际关系。

技巧一：把握说话的时机

每次面对不同身份的人，我们都要清楚自己目前的处境，把握好时机，知道自己此刻该说什么话，这是社交口才中的一个重要方面。如果见面不问候对方，离开时不向对方告别，该说话时不说话，很容易让人觉得你是个没有社交礼仪的人。我们不但该说话时要说话，还要说对话，这才切合社交的时机。如果我们在喜宴上一直不停的诉说自己的苦难，在丧礼上毫不顾忌地开玩笑，那只会让我们苦心经营的形象毁于一旦。请设想一下，假如你在社交中遇见了上面这种人，你会对他产生什么样的印象呢？因此，我们要反思，在社交场合说话要看好时机，说对了话。

技巧二：灵活利用"啰唆"

捷克斯洛伐克讽刺小说家哈谢克的名著《好兵帅克》中有一个克劳斯上校，有一次他对军官发表演讲："诸位，我刚才提到那里有一个窗户。你们知道窗户是个什么东西，对吗？一条夹在两道沟之间的路叫公路。对了，诸位，那么你们知道什么叫沟吗？沟就是一批工人所挖的一种凹而长的坑，对，那就叫沟。沟就是用铁锹挖成的。你知道铁锹是什么吗？铁做的工具，诸位，不错吧，你们都知道吗？"这位克劳斯上校讲的都是一堆废话。他的演讲效果，可想而知了。

在我们的日常社交中，言语啰唆，辞不达意的人是很不受欢迎的，他们不能准确地表达自己的意见，也不能很好地和别人进行沟通，甚至会让别人产生困扰，不明白他到底想表达什么意思。因此，思路清楚，口齿伶俐的说话方式也是社交口才中一个重要的组成部分。克劳斯上校之所以成为一个被人嘲讽的对象，是因为他不断讲些无用的事情，对倾听者没有任何的益处，因此让人感觉很啰唆。然而并不是所有的"啰唆"使人感觉很不满，关键看你在什么环境下，如何去应用。

场景一：课间休息时间，有一个学生走进教师办公室，对他的数学老师说，"老师，这道题我不懂，您给我讲讲，打扰您休息了，真不好意思啊，不好意思啊。"

场景二：某公司的会议室里，某经理向董事会表达了自己的一个事业计划，然而实现这个计划却需要冒很大的风险，保守的董事会给予了坚定的拒绝，"我不同意你这么做！我绝对不同意。无论你说什么我们都不会同意的。"

场景三：一对情人正在争吵，女方索性生气的不去理男方，男方为了证明这只是个误会，不停地对女人说，"你怎么能不相信我呢？这确实不是我做的，你要相信我啊，你不能不相信我啊。"

上面的几段话，初听起来似乎有些"啰唆"，但都是为了增强社交效果而不得不"啰唆"。在第一个场景中，重点要表达的是学生对打扰老师休息的道歉，重复几句显示了学生态度的诚恳；第二段话中的"啰唆"是为了表示说话人态度的坚决和不容置疑，明白的拒绝别人，告诉对方没有一点的回旋余地；第三段则是说话人急于表白自己的心情而采取的必要的重复，用来证明自己的无辜。这几种语言现象在社交场合经常出现。

由此看来，我们在社交场合中说话，"啰嗦"也是一个必要的技巧，但是我们一定要根据对象、环境、时间的不同，该多说时不少说，该少说时不多说。否则既会影响我们的说话效果，又影响了我们的社交形象。

聪明人不逞口舌之快

在待人处事中，场面话谁都会说，但并不是谁都能说好，一句不经心

的话就可能触到对方的隐私或伤痛。

年轻人与人交往，争强好胜是件好事，有这种心气能推动自己快速成长，赶超别人。但这种心气应该表现在行动上，而不是嘴巴上。

以前有个电视剧叫《快嘴李翠莲的故事》，讲的就是一个叫做李翠莲的小姑娘，口齿伶俐，心直口快，能言善辩，但也常常因此而得罪人。虽然她只是电视剧中的一个人物，在现实生活中却也不少见，很多年轻人都是如此，行事作风大方爽朗，就是这嘴上把持不住，一个不小心就可能把朋友得罪光了。

俗话说"打人不打脸，揭人不揭短"，每个人都有自己的短处和隐私，任何人都不能仗着自己和他是好朋友，就肆无忌惮大加评论，更不能在众人面前揭人伤疤。如果遇上像朱元璋这般的人，你的口无遮拦和只求自己痛快的说话方式可能会把你送上断头台。

虽然现代社会，因为一两句不好听的话不会引来杀身之祸，但是如果专拣别人不爱听的说，早晚会把自己陷入困境的。这样的人，说话不经思考，想到什么说什么，也不管对方是朋友还是恋人，是长辈还是亲友，总之自己先痛快了再说，这就是典型的把自己的快乐建立在别人的痛苦之上的人。

在待人处事中，场面话谁都会说，但并不是谁都能说好，一句不经心的话就可能触到对方的隐私或伤痛。年轻人在朋友聚会或是与人交往时，一定要注意说话的场合，把握好说话的分寸，首先对别人有起码的尊重，不要去评论和传播别人的是非。无事生非、逞口舌之快不仅有损自己的形象，也会阻碍自己的仕途和人际关系的发展。所以，二十几岁的人一定要管好自己的嘴巴，以免祸从口出。

一些年轻人经常喜欢说这样的话"笨蛋，一点小事都做不好！""还愣着干吗？没长眼睛吗？"或是"你这身行头从哪捡来的啊？"等，这样的语言明显带有责备和嘲讽的口气，对方听了会感到非常不舒服。或许你会说自己只是无心之举，习惯这样说话，所以嘴一溜就出来了，可是这样的习惯害人害己，还是赶快改正吧！

很多场合，话多不如话巧

慎言固然有好处，但要与人交流，就必然要说话。对于年轻人来说，能说会道能够调节氛围，但在很多场合，话要会说，更要巧说。

虽然中国古代早有"祸从口出，言多必失"的俗语，但也无法阻止年轻人的说话欲望，只是有时，说到唾沫横飞，天花乱坠，自鸣得意之时，反倒惹人反感。更有甚者，"言者无心，听者有意"，就给酷爱表达的年轻人，带来无尽的麻烦。其实，想要倾吐感情，想要在对话中占据主动，想要说服对方，往往不需要长篇大论，俗话说"话多不如话巧"就是这个道理。

乌鸦呱呱叫了一天，不如黄莺唱一首歌更惹人宠爱；从早到晚讲个不停，不如精挑细选少说一些更引人注目。少讲话又不如一语惊人，只要话说得巧妙，深有哲理，使人醍醐灌顶，同样能占据对话的主动地位。

话多不如话巧，懂得说话艺术的人，无论如何都比别人多一份竞争力。因此，如何提升自我表达的能力与优势，如何说巧话，直抵对方的心灵，就显得非常重要了。

所以，我们在说话方面一定要注意谨慎少言。一个冷静倾听的人，不但到处受人欢迎，且会逐渐知道许多事情；而一个喋喋不休的人，像一只漏水的船，每个乘客都会纷纷逃离。而且，话说得太多，就很容易被人看到我们的虚实，容易探知你究竟拥有多少实力，洞悉你的全部本事。然而，在现代社会，一旦被对方了若指掌，就会轻易被打败和征服，所以第一步，我们要养成慎言的习惯。

慎言固然有好处，但要与人交流，就必然要说话。这就回到了我们刚刚所说的，"说得多不如说得巧"，若要说话，就应当掌握说话的技巧，研究说话的艺术。

与你对话的那个人很重要，当渴望与对方交流，拉近关系和距离时，首先要设置好自己的开场白，在谈话的过程中，始终要追寻着对方说话的蛛丝马迹，从而顺应着对方的脾气和禀性，说中对方的心事，这比自己洋

洋洒洒说一大篇来得有效得多。而当与对话人关系剑拔弩张时，要懂得春风化雨，切忌绵里藏针。当处于对话窘迫之时，不如圆滑一些，暗自补圆。必要时，懂得暗示的作用。

而不管在任何场合，说话要言之有物，否则便应少说。要说，则说自己体验过的感慨之话，说心灵深处衷心之话，说自己有把握的话，说能够启迪人的话，说能警戒人的话，说能教育人的话，说能温暖人的话，说能为人排解忧愁的话。自己无把握的话不要说，言不由衷的话不要说，无中生有的话不要说，恶言恶语不要说，伤感情的话不要说，造谣中伤的话不要说，粗言秽语千万不要说。

美国总统艾森豪威尔在哥伦比亚大学任校长时，经常参加宴会，并发表演说。一次宴会上，他的演说被排到最后一个。前面的人都长篇大论，轮到他发言时，时间已所剩不多了。他于是站起来首先提醒听众，每个演讲不管什么形式都应有标点符号。然后他正式开讲："今天晚上，我就是标点符号中的句号。"随即便坐了下去。

艾森豪威尔的做法就显得非常明智，既替听众打算，又一鸣惊人，使听众产生了想再次与之交流的欲望。若我们遇到类似情况，不妨多学学。

"话"在人们的生活中必不可少，对于女性来说，话有着巨大的功用。只要使用得宜，一定会成为女性提升魅力的最佳筹码。改掉喋喋不休的毛病，用心体会"话巧"的功用吧。

在不同场合这样能说会道

一个性格内向、沉闷寡言的人，应该积极改善自己的性格，尤其是二十几岁的年轻人，不要让自己的大好青春在沉默中走向灭亡……

生活中，性格外向的人往往能说会道，很容易和别人打成一片，而那些沉默寡言的人，大都是自卑、抑郁的代表。每个人都向往幸福，追求快乐，而健谈的人往往能够通过言语的赞美，使人享受到关心、在乎和温暖。在一个家庭中，如果每个家庭成员都能说会道，也愿意和家人交流，这个家庭一定是非常快乐而和睦的；相反，如果家里面每个人都把话憋在心里，什么都不对别人讲，家庭里面就会充满了沉闷和猜忌，说不定就会酿成什么悲剧出来。所以说，一个性格内向、沉闷寡言的人，应该积极改善自己的性格，尤其是二十几岁的年轻人，不要让自己的大好青春在沉默中走向灭亡。

很多场合都有一个共同的特点，会说话的人才更加讨人喜欢。例如，在恋爱的时候，嘴巴甜一些，对方也欢喜，尤其是见对方父母的时候，能说会道的人更容易让家长接受。作为年轻人，只是多说几句好听的话，自己也不会损失什么，又能得到别人的喜欢，何乐而不为呢？

利用国庆长假，李莹跟着男友小峰回家乡探望父母，一来让他的父母见见准儿媳，二来与他们商量一下买房的事。

小峰的父母很喜欢李莹，尤其是小峰的母亲，忙前忙后给他们做饭。但小峰的母亲特别唠叨，李莹洗衣服的时候，她告诉李莹："水龙头一定要拧紧，要不既浪费水又浪费钱。"李莹帮忙炒菜时，小峰的妈妈说："一定要少放盐，我听电视里说了，吃多了盐会引发很多疾病。"说到买房子的事，小峰的妈妈说："买房子可不是小事哦，你们俩要挑选好，我听人家说不仅要选地角，还得选房型什么的……"其实，李莹也知道小峰妈妈的唠叨并无特殊含义，但就是挺不愿意听的。

于是，在回去的路上，李莹就开始数落小峰妈妈的烦人唠叨。开始，小峰还耐心解释："我妈就是那样，人越老就越珍惜儿女，叮嘱的就越多，她没有别的意思的。"尽管如此，李莹还是抱怨小峰妈妈的唠叨："你妈真是烦死人了，买房的事也要插手，她又不过来选，管那么多干嘛！"这下把小峰给激怒了，小峰生气地说："你又不是跟我妈谈恋爱，看你左挑一个右挑一个的。再怎么，那也是我妈，就冲你现在这样，还指望你伺候我妈，看来我是瞎眼找错人了……"

看李莹在小峰家里又是洗衣服又是做饭的，感觉是个很好的女孩子，只是因为说男友母亲的不是，所以遭到了小峰的不满。的确，将心比心，谁都有父母，母亲的叮嘱是对你的爱，怎么能嫌弃呢？李莹是个好女孩，就是因为说了不合时宜的话，弄得两个人感情出现裂痕，得不偿失呀！如

果李莹在回家的路上不是嫌小峰的妈妈唠叨，而是婉转的说："妈妈对我们可真好呀，你真是遇到了一个好妈妈，不过妈妈年纪大了，以后我们的事我们自己来处理，不要让妈妈再操那么多心了，让她也过过舒服的日子吧！"这样的话，男友一定觉得你很贴心，又能够为自己的母亲着想，也会从心里感激你的。

不仅仅是在恋爱这件事上，在工作中能说会道的女人也是很有优势的。

王晴是一位工作经验丰富并且能力也很强的女秘书。招聘她的女经理这样问她："小姐，你长得这么漂亮，学历也高，举止大方优雅，你原来的上司难道不喜欢你吗？"王晴微笑着回答："或许正是由于这个缘故，我才想离开原来的单位。我情愿老板'事多累下人'，也不想让他们'情多累美人'。如果我能在您的手下工作，肯定能省掉很多不必要的麻烦。"王晴并没有讲前任上司到底好还是不好，只一句"情多累美人"便使人既同情又爱怜，结果她非常顺利就走上了新的工作岗位。

一个身处职场中的女人，应该始终保持对自己上级的尊敬，不能对别人妄加评论，即使这位上司已成过去时。你当着现在的上级说以前上级的坏话，现在的上级肯定会想，如果你离开这里了势必也会说他的坏话，这就不仅仅是说几句坏话而已，而是透露出一个人的品行了。像王晴这样一句"情多累美人"不仅表明了自己的思想和立场，也不会给以前的上司带来不好的影响，简单的回答让现在的上司也对她刮目相看。

能说会道并不一定是要多说，而是要说对。说话谁都会，但是能够说得有技巧，说出来不让人反感，才是真正的会说。会说话的人，能够准确地表达自己心中所想，并用恰当的词汇来修饰；会说话的人，能够把道理有条理的讲出来，不会让别人感到混乱；会说话的人，说起话来轻松自然，任何人都能够很快理解他的意思；会说话的人，是通过说话来表现自己，通过说话来增加别人对自己的好感。

能说会道是人际交往中的润滑剂，只要尊口一开，任何难题都会迎刃而解，任何不快都会烟消云散！

第十一章

消除尴尬：温言软语化解心中疙瘩

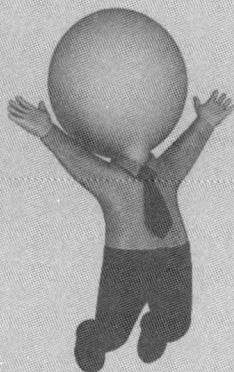

敞开心扉，让交流畅通无阻

很多人对口才的一个认识就是心藏玄机下的伶牙俐齿、口若悬河。实际上，这是认识上的一个误区，这样的理解与口才的真实含义是背道而驰的，如果将这些东西奉为圭臬的话，恐怕永远无法在交际场合中取得胜利。真正的会说话者，并不是那种胸有城府，心藏山川之险恶的人。相反的，每个擅长交际的人口中所吐出的言辞都有着一种深刻的感染力，能够让人感受到他的热忱和坦率，在热情诚恳的讲话中，感化听者，并且让听众产生一种由衷的尊重和敬佩。

白居易在诗中写道："感人心者，莫先乎情。"我们评价一个人讲话好坏的重要标准之一就是"通情达理"，通情的关键所在就是要求坦诚，而不是藏掖和躲避，耍些手段。古今中外许多的名人都强调为人的真诚，著名的翻译家傅雷先生曾经说过："我一生做事，总是第一坦白，第二坦白，第三还是坦白。"俄国著名的将领库图佐夫在给叶卡捷琳娜皇后的信中说："您问我靠什么魅力凝聚着社交界如云的朋友？我的回答是'真实、真情和真诚'。"真实、真情和真诚的态度是成功人士的说话妙诀。

在松下电器还是一家名不见经传的小工厂时，该厂的老总松下幸之助经常亲自去做业务员，推销本公司的产品。每次遇到在价格上无法谈拢的客户，他并不采用一些哭诉或者请求的方法，而是坦诚地告诉对方："我的工厂并没有任何的知名度，只是一家小工厂，在炎热的夏季，我的工人们都在炙热的铁板上加工制作产品。大家都很累，但是却并不敢有丝毫的松懈，对产品的质量不敢降低丝毫的标准。我们制作的每一件产品都是经历了千辛万苦之后才完成的。按照正常利润的计算方法，每件产品应该按照××元的价格出售。"客户对他的这种推销方式感到十分惊讶，就静静地听他讲下去。

听完之后，开怀大笑说："卖方在讨价还价的时候，总会说出种种不同的话，在价格和质量上也都打了不少埋伏，但是你说的很不一样，句句都很坦诚。那么，我们就照你说的买下你们公司的产品好了。"

松下幸之助之所以能够获得成功，就在于他坦诚的说话态度。他的每一句话里都带着朴实和诚恳，描绘工人的艰辛时也充满了情感。他的话不多，但是却唤起了别人的深切同情和感情上的认同，对他的坦诚相待也十分欣赏，就很快决定了购买他的产品。

管仲曾经说过："善人者，人亦善之。"每个人都有着丰富而又具体的感情，在交际之中，也都希望得到真诚的情感交流。在生活中，我们愿意和富有感情和富有爱心的人交往，也愿意和这些有着真挚感情的人进行合作。人和人之间的交往，有了诚挚的感情做铺垫，就会很容易找到共同语言，建立起深厚的友谊。

真诚是成功说话的第一要素。真诚是一种处事的态度，更是一种为人的境界。一个人的言谈哪怕是经过旁征博引、引经据典，而一旦缺乏真诚的元素就会变得一文不值。而那些绕圈子，耍手段的人，就更会让别人对他越来越疏远，越来越厌恶。其实那些自以为聪明的谈吐，最终不过是自我欺骗的伎俩而已。

因此，在我们和别人进行交谈的时候，首先想到的就是如何把自己的真诚通过有效的语言传递给对方。只有当对方感受到你的诚意后，他才会打开心扉，接受你所讲话的内容，这样彼此间才能实现真正的沟通和交流。

好口才为自己化解尴尬

在与别人交往的过程中，一时的失言是很正常的现象。尽管每个人从内心里都不愿意说错话，但是错话往往也是不可避免的。既然说出去的话是不能收回的，那么为了挽回负面的影响，不妨多动一下脑筋，随机应变，用将错就错或者曲解词意等方式来化解说错话后的尴尬。

无论是将错就错还是曲解词意的方法，目的都是转移对方的注意力，在最短的时间之内抹掉对方心灵上的不快，消除尴尬的局面，从而将意外的紧张和不快迅速地转化到轻松欢快的场景中去。

杨先生是山东人。一次，他和一个客户谈生意。由于是初次见面，一时间难以找到什么话题，就开始东拉西扯地聊起了各地的风土人情。通过交谈杨先生得知客户是烟台人，顿时感到倍加亲切，有一种他乡遇故知的感觉。在两个人的谈话中就很自然的多了几分亲热，少了一些客套，心情也放松了许多。

"中原地区是一个好地方，历史悠久，文化灿烂，有着很多的风景名胜，又是交通枢纽，更为难得的是民风淳朴，不像南方，南方尽管是发达地区，但是那里的人都有一种市侩气，尤其是南方的女性，虽然有过不少有名的人才，但是大部分人却失去了江南水乡的清纯，都很虚荣，成为了地道的拜金主义者……"

没有想到的是，客户的脸色呈现出不悦之色，并且有些生气地说："拙荆就是南方人呀。"

一下子，气氛尴尬了许多，杨先生意识到了自己的口无遮拦给对方带来不小的伤害。但是杨先生毕竟是交际场中的高手，见状赶紧说："夫人是南方人吗？实在是太巧了，我就是在南方出生的呀。"

尽管说谎不是好事，但是为了化解一下尴尬的气氛，善意的谎言还是可以理解的。杨先生这样就为自己对南方的误解找了借口，然后又追加了几句南方人的优点："南方人追求金钱是有目标的表现，在生活上，性格细腻的南方女性最适合做终身的伴侣。"听完杨先生的话，对方的脸色就转怒为喜了。

我们与人交往时，什么样的人都会遇到，时不时有点儿冲撞和冒犯也是属于正常范围。这时候你采用怎样的方式去应对，是对你处世水平的考验。

当别人的冒犯给自己带来尴尬时，恼羞成怒勃然变色都是十分幼稚的行为，那样既会浪费时间和精力，又不利于人际交往。在这个时候，不妨见招拆招，换一种角度去解释别人带有攻击性或者嘲讽的话语，那样，不仅能够让自己迅速地摆脱尴尬的局面，还能把这一次的尴尬转化为宣传自己的工具，从而达到一种艺术效果。

中文系大一新生的一次班会上，学生们轮流上台做自我介绍。在轮到来自农村的学生牛力时，他走上讲台，刚刚说了一句："我姓牛，来自农村……"却被一个不友好的声音给打断了，只听有人说："哎哟，乡下的小牛要进城喝咖啡了。"很多同学都放肆地笑了起来，牛力对这位无礼的同学感到十分气愤，但是又不愿意在第一天就给别人留下不好的印象，就忍住火气，让自己镇定了一下说道："是的，我是乡下的小牛，不过，我来到这里并不是为了喝咖啡，而是来'啃知识'的，以便更好地回到农村去耕耘，我'吃的是草，挤出来的是奶'，我愿意永远做我们家乡的孺子牛。"

他的话说完之后，大家都自发地热烈鼓掌，为牛力精彩的讲话喝彩。牛力用自己的机敏，顺着别人的玩笑话，用鲁迅先生的名言做了一个很好的解释，既让自己摆脱了尴尬的局面，又表明了个人的做人原则，赢得了全班同学的由衷敬佩。

通常情况下，别人带有侮辱性的玩笑话并非是故意的刁难，只不过是有口无心而已。在这个时候，你没有必要为此事而恼羞成怒，伤了双方的和气，而是要充分展现自己的口才，顺着别人的话借题发挥，将那些略有侮辱性的语言变成褒奖自己的话语。

在我们遇到尴尬的时候，没有必要面红耳赤，更没有必要恼羞成怒，丧失理智，不妨转动一下脑子，寻找另外一种语言，用好的口才去化解尴尬的场面，消除其中的可笑意味，缓解一下双方的紧张心情。尴尬是由我们一手造成的，既然出现了，躲避是没有用的，那么不妨把情绪放平和些，用语言来及时地进行弥补和拯救，那么你就会变得轻松许多。

尴尬时不妨打打"圆场"

在交际活动中，常常会有人说出一些让人感到惊讶或者气愤的话。他

们怪异的言谈举止，带来交际各方的误会，导致了交际场合的尴尬。在这个时候，我们应该开动脑筋，用打圆场的方式，制造轻松的气氛，或者用擦边球的形式来强调言语唐突者的合理性，让各方都能有一个台阶下，达到"你好我好大家好"的目的。这样，就会得到别人的感激和敬佩，获得良好的人际关系。

在一次同学聚会上，久别重逢的人们十分高兴，亲热地聊起了天。或许是酒喝多了的缘故，一个男士对着一名女士信口开河地说："当初你追求我的时候，我拒绝了你，现在你是不是还耿耿于怀呀？"这本来是一句玩笑话，虽然有些过火，但在同学聚会的欢快气氛之中也是无伤大雅的。但是，这位女性可能是因为心情不好的原因，听到之后竟然勃然作色，指着那个男士大骂："你神经病啊！你也不撒泡尿看看你那副德行，哪个人会瞎了眼追求你这种长相谦虚内心龌龊的人？"她的声音很大，压过了别人的谈话，顿时热闹亲切的场景一下子冷了下来，大家都感到异常的尴尬。这时候，另外一个女士站了起来，笑着说道："多年不见，我们的公主还是脾气没变呀，她喜欢谁，就说谁是神经病，说的越是刺耳，就说明喜欢的越厉害，我说的没错吧？"这番话说完，大家就很自然地想起了美丽的大学生活，不由得七嘴八舌地相互开起玩笑来，刚才的不快就像没有发生一样，一场风波就在短短的几句话中得以平息。

无论是在什么场合下，没有一个人愿意被别人刺伤面子，从而下不了台。但是，很多尴尬的事情出现，往往不是因为事先的难以预料，而是由于外在的因素所导致的。在别人的面子受到伤害的时候，如果你能够采取正确的方法，给他一个台阶，帮助他挽回面子，那么他会对你感激不尽，从内心里愿意和你进行交往。

无论是在和别人聊天的时候，还是在大型的聚会场合，亦或在工作的时候，需要用灵活变通的手法打圆场的事情有很多，有时候我们要为自己的口误打圆场，有时候也要为朋友同事打圆场，只要是我们能够发挥聪明才智，就能够做到息事宁人，将十分复杂的事情简单化处理。

课堂上，一位实习的老师正在黑板上板书，刚写完几个字之后，突然有学生大叫了起来："实习老师写的字比我们李老师写的字好看多了！"

此言一出，语惊四座。有口无心的学生不会想到，坐在后排听课的李老师是多么的尴尬，心情是多么的不舒服。而这位实习老师，刚刚从学校出来，就碰到了这样让人尴尬的场面，着实让人头痛，如果处理不好的话，很可能影响和李老师之间的关系，让两个人在实习期里都会因为心里的疙瘩而不好打交道。这个时候如果用谦虚的话来贬低自己并不能很好地解决问题。这位实习的老师在情急之下灵机一动，装作什么也没有听见，继续板书，头也不回地说："是谁不安安静静地看课文，在下边大声喧哗？"

此言一出，让后座的李老师长吁一口气，感觉自己的面子得以保全，顿时轻松多了，尴尬的局面也就随之得以消除。

这位实习老师虽然年龄不大，但是在做事上却十分成熟老练。当学生们称赞他的字写得好的时候，他选择了避实就虚的方式，避开了学生的赞扬，从批评学生不遵守课堂纪律的角度入手，既维持了教学工作的正常进行，又体面地维护了李老师的面子。表面上他是在批评学生，而实际上却是在向后排的李老师传递"我根本不知道学生说了些什么"的信息，同时又防止了学生继续称赞的发生，从而避免了再次造成尴尬的局面。短短的一句话，取得了非同凡响的效果。

生活是千变万化的，许多尴尬的场景让我们防不胜防。既然尴尬无法避免，那么就不妨采用一些巧妙的手法来维护他人和自己的面子，让双方都能够有一个台阶下。在尴尬的时候能够打圆场，不仅能够反映一个人的聪明才智和应变能力，同时还体现了他善于设身处地为别人着想的良好道德修养。

如果别人处在尴尬的时候，你能够不失时机采取行之有效的方法打圆场，那么，你就能够获得别人更多的赏识和信任，从而提升自己的个人魅力，获得丰厚的人脉关系。

自嘲也是一种口才艺术

在人生交际当中，有很多的意外是无法避免的。比如，个人的失态失言，他人无意的冒犯，周围的环境出现了考虑之外的因素，等等。这些猝不及防的事情往往会让我们感到有些狼狈，甚至还会受到别人的嘲笑。为了将自己从狼狈和尴尬中解脱出来，不妨用一下自嘲的形式。

美国社会会学家麦克·斯威尔说："在别人嘲笑你之前，先嘲笑你自己。"自嘲能通过自我嘲弄和贬低的形式，让自己摆脱社交场合的困境，将尴尬场合中的被动化为主动，既给自己一个台阶，又能有效地堵住别人的嘴巴。自嘲是一种谋略，能够转移别人的注意力，增添社交场合的情趣，更能有效地化解意外事件给自己带来的尴尬。

在一个宴会上，服务员倒酒的时候，由于不小心，倒在了一个顾客的秃头上，很多人都惊呆了，请客的主人感觉到自己丢了面子，怒气冲冲地要把老板叫来赔罪，服务员更是吓得面如土色，手足无措。然而，这位客人并没有丝毫的愤怒，用毛巾擦了一下湿漉漉地脑袋，笑吟吟地对服务员说："美女，你以为这种方法治疗秃顶会有效吗？"在场的人听了都不禁笑了起来，尴尬的局面也被打破了，那位服务员更是感动的不知道说什么才好。

这位客人用自己开玩笑，既展示了自己宽广的胸怀，又维护了自我尊严，同时还给那位粗心的服务员提供了一个台阶，算得上是一举三得了。

俗话说：金无足赤，人无完人。每个人都难保有这样或者那样的毛病，在交际场合中也不可能做到十全十美。在遇到尴尬的事情时，没有必要去抱怨自己的时运不济或者先天缺陷，而是要学会用幽默的自嘲形式来给自己寻找一个台阶。这样的话，既避免了别人的捉弄和嘲笑，又能体现你的自信和成熟。社交中所处的劣势，也就能够通过你的自嘲变为优势，最终取得意想不到的艺术效果。

某位教授因为研究课题消耗了大量的体力，在开会的时候睡着了。严肃沉闷的会场上鼾声大作，引得别人频频回头，指指点点。他醒来的时候，发现周围的人都在嘲笑自己。一位同事还说："身为名扬海内的知名教授，你居然能打出这么有水平的呼噜，实在是佩服。"这位教授并没有恼怒，而是很快地接过话茬说："这可是我的宗传秘方，一般人我都不告诉他。"很轻松的一句自嘲，就在大家的哄笑声中解了围。

适时适度地拿自己开玩笑，是一种良好修养，更是一种充满魅力的交际技巧。拿自己开玩笑，能制造宽松和谐的交谈气氛，能使自己活得轻松洒脱，使人感到你的可爱的人情味，有时还能更有效地维护面子，建立起新的心理平衡。

1990年中央电视台邀请台湾影视艺术家凌峰先生参加联欢晚会。当时，许多观众对他还很陌生，可是他说完那句妙不可言的开场白后，一下子被观众认同并受到了热烈欢迎。

他说："在下凌峰，我和文章不同。虽然我们都获得过'金钟奖'和最佳男歌星称号，但我以长相难看而出名。一般来说，女观众对我的印象不太好，她们认为我是'人比黄花瘦，脸比煤炭黑'。"这一番话戏而不谑，妙趣横生，令观众捧腹大笑。

这段自我解嘲的话，让凌峰给现场的观众们留下了非常坦诚、风趣、幽默的良好印象。不久，在"金话筒"之夜文艺晚会上，只见凌峰满脸含笑地说："很高兴又见到了你们！很不幸你们又见到了我！"短短两句话，就赢得了人们阵阵的掌声，他和与观众之间的日久生疏之感不复存在。接着，凌峰说："我总发觉，男人们在我面前都显得很自信。"观众们都忍不住大笑起来，如潮的掌声再次响了起来。

自嘲不是一些人想象的自我作践，而是一个成熟的人所必备的交际手段。懂得自嘲的人往往也能正视自己的缺陷，给人留下自信的形象，从而得到别人的敬重和爱戴。比如你正在画一幅山水画，但是却没有取得应有的画面效果，你不妨自我嘲笑说："我这个业余的绘画爱好者功夫还是不到家呀，这哪儿是画画啊，分明是在信手涂鸦，专业画家见了会为我这种业余的水平而感到丢脸。"这时候，大家就会原谅你的状态不佳，也就不会去想挖苦和嘲笑之类的话题了。相反，当你明知不能继续的时候，还要装腔作势，设法掩饰，就会给自己带来更大的尴尬，导致无法收场。因

此，在任何情况下，大胆地进行自我调侃是一件聪明的行为，他不仅能给自己寻到一条后路，还能引起别人的亲近。

用模糊的语言回避敏感话题

在现实生活中，有很多的事情会在没有思想准备的情况下发生，也有很多的问题会让自己感到左右为难。在这种情况下，如果选择沉默或者拒绝不免会给交际双方带来不好的影响，也会让自己在别人心中的印象大打折扣。在这种时候，我们不妨用模糊的语言来做出回答。

模糊的语言是一种重要的交际手段，同时也体现了一个人随机应变的能力。在一些不必要或者不可能把话讲得过于清楚的情况下，完全可以运用这种表达方式，既避免了紧张的气氛，又让自己得以解脱，同时还不会给别人带来负面的心理影响。

在社交场合游刃有余的人，都懂得"模糊语言"的正确运用。使用模糊的语言能够用恰当的方式、微妙的语言，对别人的问话或者请求做出有余地的回答，既不会因为生硬的拒绝给对方带来不快，又能够保全双方的面子，从而避免了不留后路的后顾之忧，又能够避免最终的事与言违的尴尬和承担后续的责任。

有一艘豪华客轮在即将到达旅游景点的时候突然停了下来，原来是客轮的驾驶室里出现了一些问题。游客们在经过几十分钟的等待之后，终于忍不住内心的不满和焦躁，纷纷把矛头指向了导游，质问事先为什么没有做油轮的检查，追问客轮什么时候才能重新起航。面对情绪激动失去了理智的人们，导游却是镇定自若，脸上一直带着微笑，心平气和地向大家做解释："请大家不要着急，客轮并没有什么大问题，只是出现了一点小毛病而已。技术人员正在做检查，一会儿就修好了。为了大家的安全，请大家耐心地等一会儿，不要走远，更不要站在危险的地方，马上就要起航了。"导游不断地重复着这些话，游客们的心情也慢慢地平静了下来。

导游在回答旅客的质问时，用了一连串的"一会儿""马上"等词语，既避免了游客的情绪再度波动，又因为没有给出确切的答案从而给自己留有了余地。不妨试想一下，如果导游为了安抚游客，盲目地讲"15分钟之后就可以起航了"，如果15分钟之后客轮依然停留在原地，很可能就会激起游客的怒火，将自己逼往绝境的导游再做出任何的解释都是没有用的，反而会加重游客们的怨气和怒气。

模糊的语言可以作为一种缓兵之计，当别人问你一些没办法回答的问题的时候，如果委婉拒绝不能起效的话，你就应该用一些模糊的语言来搪塞一下，这样既可以让自己从麻烦中摆脱出来，又能够不伤及对方的面子。一个聪明的人，在敏感话题上从来不言之凿凿，也不会生硬拒绝，而是懂得用一些模糊的语言来保全双方的面子，从而既为自己留了一条后路，又避免了一些不必要的纠纷。

模糊语言的表达形式是多种多样的，比如闪烁其词、答非所问、避重就轻，等等，但归根结底就是不要把话说得太死，给自己的语言留有余地，也在给对方留足颜面时对以后的交往存有更大的兴趣。

在现实生活中，有很多的敏感性话题让我们无法做到坦诚布公地回答，但是又因为考虑到双方的颜面而又能做出生硬的拒绝，那么就要在说话中讲究一些策略，用模糊的语言回答别人无心或存心的话题，做到既有力度又不伤人，这样的谈话方式会让你的口才能力上升到一个新的台阶。

现实生活中，有很多的问题需要用模糊的语言来回答的。当别人问你"月薪是多少"的时候，你不妨说"聊以糊口罢了"，如果有人问你是怎样结识一个大人物的时候，你不妨说："这是个很复杂的过程，等以后有时间了，我再详细地告诉你。"当别人打听到你父亲的朋友就是你所在公司的领导时，故意问你："你在这家公司应该不错吧？"你可以说："全托您的福。"这些回答既显示出了你的热情，又能巧妙地躲避掉那些不愿意回答的问题。

运用模糊的语言是日常生活中随机应变的一种重要的方法，常常用于一些不必要，不可能把话说得太死的情况。这个时候，我们就可以很巧妙

地运用这些模糊的词语在你不确定的时候，就不要说大话，否则，会给人留下不好的印象。

尽量避开别人的"敏感区"

心理学家们通过研究发现，每个人都有着自己特殊的"敏感区"，这个敏感区域包括个人的隐私过错以及自尊和做事底线等。每个人都不愿意在别人面前过多地暴露出个人的隐私或者以前的错误，更不愿意让个人的尊严受到别人的伤害。因此我们在交际活动中，一定要注意不要触及对方的敏感区，更不要让对方觉得受到了侮辱。哪怕是为了改正别人的缺点而进行必要的劝说，也要注意正确的方式和方法。

《菜根谭》里这样一句话很有道理："径路窄处，留一步与人行；滋味浓时，减三分让人尝。"这句话的意思就是在告诉我们，做什么事情都要先考虑一下别人，而作为日常生活中必不可缺的说话更要如此，一定要坚持一个原则，不能够在别人面前口无遮拦，更不能为了一时的心直口快而侵犯别人的隐私，进入别人的敏感区，让别人下不了台。

王小姐在一家公司担任文秘工作。她是一个聪明伶俐的小女孩，总能给别人提供真诚和无私的帮助。但是，像这样一个有着很多优点的小女孩，却无论如何也不能赢得别人的喜欢，相反的，还有不少人在远远地躲着她，在一些朋友聚会中也会故意"忘记"招呼她。这主要是因为王小姐的性格比较爽朗，经常喜欢开一些恶作剧的玩笑，常常让朋友们感觉下不了台。

有一次休息的时候，她的一个同事神秘地说："你们看看这张照片是谁的？"等大家挤过来看的时候才发现是一个橘子皮，顿时就感觉索然寡味，都退回到了自己的座位上，而王小姐却大呼小叫地说："你拿李建的照片做什么？"这下子，李建感觉受到了莫大的侮辱，气的涨红了脸，而一些好事的同事就给李建起了个"橘子皮"的外号。从此之后，李建见到王小姐就远远地躲开。

还有一次，一个同事穿着一身新西装来到公司，别人都微笑友好地对他说："你今天可是真精神啊，这件衣服很适合你。"这时候王小姐又口无遮拦地说："你这件衣服也太不上档次了吧，是不是今年的款式还说不准呢。"那位同事对服装是十分讲究的，听王小姐这么一说，脸色顿时变得铁青。

王小姐不仅对同事这样，对老板也同样如此。有一次，老板和客户签协议，客户看到老板龙飞凤舞的签名之后，夸奖道："您的签名可是真气派呀。"老板刚想谦虚几句，没想到王小姐却不知趣地抢过话头："我们老板练了三个多月了，能不气派吗？"此言一出，让老板和客户都陷入了巨大的尴尬之中。

王小姐之所以不被朋友们欢迎，原因就在于她不懂得如何去尊重别人，以为讲一些肆无忌惮的话能够活跃气氛，无伤大雅，而最终的结果却表明了她的做法和想法是错误的。每个人都有着自己的性格，各自所敏感的东西也会与众不同，我们在交际中一定要注意尊重对方的人格，在谈吐之间尽量不要涉及对方的敏感地带。我们应该在以下几个方面多注意一下：

（1）可以适当地开玩笑，但是不能以讽刺他人为目的。玩笑话一般能起到活跃气氛、缓和人际关系的作用，但是有些人在开玩笑的时候不懂得适度的原则，喜欢讽刺、攻击、责怪他人，尽管可能会引起短暂的笑声，但却给被嘲笑者的心理上留下巨大的阴影，甚至会造成一些意想不到的后果，让本来十分宽松的气氛显得过于紧张和难堪。

（2）任何的谈话都不要涉及他人的隐私。无论处在什么样的场合下，也无论对方和自己是多么的熟悉，都不要在交谈的内容中涉及对方的隐私。俗话说"言者无意，听者有心"，有时候一句无心的话，在别人听来可能就是一种讽刺和侮辱的声音，从而对你产生极其恶劣的印象。

（3）千万不要拿别人的短处来说事。在社交场合总有那么一些人，喜欢用别人的生理缺陷和生活缺陷来当谈资，作为炫耀自己的一种方式。比如说些"你的头上没有头发，是不是想无法无天啊？""你那几个月不洗的臭脚可以熏死一屋子人啊"等，这样就会让别人产生很大的厌烦情绪，从内心里也不愿意和这种人打交道。

转移话题，减少矛盾冲突

宏宇是一个大型工厂的工人，一次，下班后工友们都走光了，他推着自行车往大门口走。按照厂方的规定，工厂内是禁止骑车的。由于从厂房到大门口有一段距离，宏宇看了一下四周，没有保安，随即一脚蹬上了自行车，向大门口驶去。谁知就在这个时候，负责在工厂执勤的保安不知道从哪里走了出来，一下子拽住了宏宇的自行车，拉着他去接受罚款。

宏宇一下子愣在那里，不知如何是好。幸亏他脑子机灵。在和保安的争执中，他听出了保安的口音，于是对保安说："听你的口音，好像不是本地人吗？"

保安回答说："不是的，我是四川雅安的。"

宏宇笑着说："真的啊，我女朋友也是四川雅安的，跟你说话挺像的，我说怎么听着这么耳熟啊。"

保安："是吗？那真是太巧了，能在这么远的地方碰到老乡。"

宏宇："是啊，太不容易了，那改天聚聚吧。"

保安："那真是太好了。那你赶紧回去吧，晚了，老乡会担心的。"

事实上，宏宇并没有一个四川雅安的女朋友，自然之后也不可能和保安叙老乡之情了。

一般情况下，当有人因为一个问题和你起争执，为难你的时候，内心深处对你的攻击力度很强，对你的意见和做法很反感，但并不是对你这个人很反感。这时候不妨转移话题，转移对方的注意力。话题转移了，自然把矛盾暂时放下了，那么对方就没有那个必要继续攻击你。这样一来不但减低了别人对你的预言伤害，还可能因此而化干戈为玉帛。那么在利用转移话题的办法来减少语言伤害的时候，有哪些方面需要注意呢？

1. 寻找彼此的共同点

别人之所以为难你，攻击你，是因为在某些问题上，双方意见和做法不一样，甚至可以说是针锋相对。为了分出个所以然来，势必要较量一番。事实上，孰对孰错、谁是谁非并没有想象得那么重要，再加上在谈及某些问题的时候情绪激动，说出很多让你尴尬和难听的话也在情理当中。所以，这时候，尽快找到彼此的共同点，把话题由相异转向相同，这样不但转移了对方的激动情绪，而且还会将自己在对方心中的定位由敌人变成朋友。比如故事中的宏宇，在遭遇对方为难的时候，找出了个和对方是老乡的女朋友来，尽管这个女朋友是瞎编的，但是却迅速化解了他和保安之间的对立情绪，避免了很大的麻烦。所以，寻找双方的共同点是迅速转移话题的好办法，如果实在找不到，不妨虚拟一个，目的是为了转移话题，减少对方对你的伤害。当然这仅适用于陌生人群为难你的时候，熟人之间当然不行了。

2. 要及时的赞美和恭维

没有人不喜欢别人赞美自己，恭维自己，即使是在双方有强烈的对抗情绪之下。所以，当别人言语上为难你的时候，不妨赞美和恭维一下。每个人的注意力都在自己身上，当对方指责你的时候，你赞美一下，对方的注意力迅速转移到自己的身上，并且转移到你所关注的话题上。这样一来，别人对你的攻击和伤害自然不存在了。比如，别人指责你打扫卫生不彻底的时候，你说你的衣服真漂亮，或者说你今天，神清气爽，遇到什么高兴的事情了。这时候，就算是再看不上你的人，也会两眼放光，面带微笑和你交谈。即使有些人抹不开面子，但是心里却甜滋滋的。所以，在面对别人的指责和为难的时候，要学会用赞美和恭维来转移话题，软化彼此的情绪以赢得对方的好感。

3. 对对方产生浓厚的兴趣

任何人都一样，希望得到周围更多人的认可和肯定，希望别人对自己感兴趣，对自己的生活感兴趣，对自己的所作所为给予肯定。所以，因为一些想法和做法的不同，别人对你进行为难的时候，要多关注一下对方的生活，将话题分歧引向对方。因为有相异，所以有对抗的情绪，当话题转移到对方身上的时候，没有了分歧，自然就没有了对抗。当你对别人产生兴趣的时候，别人也会对你产生兴趣。比如，当有人说你不应该在上班的时候接电话时，你不妨关注一下对方的失眠好些了没有，睡眠质量怎么样。别人给予你的是责备，你回报的是关心。这样一来，即使对你再有意

见的人也不好意思再为难你了。

自圆其说，轻松应对挑衅

刚刚结婚不久的小光，突然间接到了前女友的求救电话，说自己遇到了危险，急需要小光的帮助。小光有些为难：不去吧，怕对方真的遇到了危险；去吧，又怕剪不断理还乱。再加上小心眼的妻子要是知道了这件事没准还会闹出什么乱子来。思虑再三，小光最后还是去了。毕竟对方需要帮助，总不能见死不救吧。

按照约定的地方，小光见到了前女友。只见她泪流满脸，似乎受到了极大的委屈。于是小光带她去了附近的咖啡厅，想问问她到底发生了什么事情。刚坐下不久，小光不经意间一抬头，吓了一跳，他的妻子不知道什么时候坐在不远处盯着他看呢。看到小光发现了自己，妻子假装满脸堆笑地走了过来，坐在了一边，什么话也没说。

小光急中生智，说："她给我介绍一个客户。我以前给你说过的，很大的定单，所以我就过来了。"也正巧了，前不久，小光是给妻子说过有个朋友介绍一个很重要的客户。

他妻子二话没说，生气的扭头就走。小光也辞别了前女友，跟着回了家。他对妻子说："真的是工作上的关系，以前没跟你说是她，就是怕你多心。这个客户做成的话，咱们能多收入好几万呢，咱们跟钱可没仇啊。"

妻子显然气消了很多，说："真的么？你可别敷衍我啊。"

小光陪着笑脸："真的，我什么时候骗过你啊，你说是不？"

妻子笑了，说："那你歇着吧，我去做饭了。"

等妻子进了厨房，小光擦了擦额头的冷汗，长出了一口气。

有时候，别人为难你，并不是你人品不好，而是你所说的、所做的在对方来看是错误的、是荒谬的，所以才会想方设法为难你，让你在自己的言语和行为面前站不住脚。这时候，就要找个合适的理由自圆其说，让对方觉得你是正确的，是合情合理的。当然找的理由一定要充分，要能说服对方。要是牵强附会，连自己都听着别扭，那么根本说服不了对方，同时反面证明了你的荒谬性和不合逻辑性。所以，自圆其说是应对语言挑衅的好办法。但是在具体的应用当中，应该怎么去操作呢？

1. 说辞要符合逻辑

在自圆其说的时候，一定要符合基本的逻辑，让别人听着似乎也能说得过去，也是合情合理的，否则就成了掩耳盗铃，自欺欺人了。所以，在解释的时候要找个合适的前因。比如故事中，小光会见前女朋友被妻子抓住了，小光急中生智，以介绍客户为理由，以赚钱为最终的幌子，刚好事先，小光给妻子说过这件事情，这样一来听上去合情合理。即使他的妻子心里再不舒服，也只能作罢。因为小光的理由没有半点破绽，符合基本的逻辑。当然这么说不是教授人如何欺骗别人。所以，在自圆其说的时候，一定要想方设法为自己的说辞找到合适的前奏，让对方觉得也有一定的道理。当别人的内心承认你的说辞的时候，就不会再难为你了。

2. 利用概率找台阶

世上的任何事情都没有那么的绝对，都有出现意外的可能。所以，在自圆其说的时候，不妨用概率为自己找台阶下。比如你所销售的灯具一向质量都很好，可是偏偏卖给一个大客户的单子中就有一个残次品。当对方找上门来的时候，就需要你自圆其说，给对方个合理的解释。这时候，如果一味地强调自己产品的质量多么多么好，无疑让对方更加生气，显然你在说瞎话。这时候，你就要告诉客户，质量好，也是相对而言的，有个别残次品也是在所难免的。这样一来，客户觉得也有一定的道理，自然不会再为难你。所以，用概率为自己找台阶下，无疑是自圆其说的一个很好的办法，因为世上没有任何的事情是绝对的。

3. 善于"咬文嚼字"

如果被对方紧紧追逼，没有退路的情况下，不妨咬文嚼字，在曾经说过的语言上做文章。当然这属于诡辩，有点耍无赖的意思。但是在理屈词穷的情况下，要是不想乖乖投降，受人任意羞辱的话，不妨用咬文

嚼字的方式，利用歧义，或者是语言上的漏洞为自己找个台阶。比如老师对你说："钢笔不要给张三"，但是张三是你的朋友，你把钢笔给他了，当老师责问你的时候，不妨这么为自己辩解，你不是说："钢笔不要，给张三吗？"所以我就给了。事实上老师是这么说的，但是却不是这个意思。这时候尽管很生气，但是却不能责怪你。你为自己的行为找到了个合适的理由。

第十二章

巧妙设问：问得好可以无往不胜

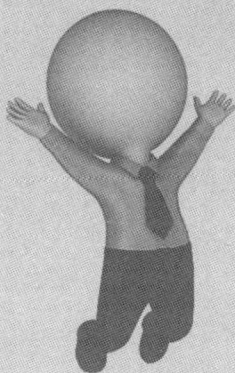

避免提出无效问题

小黄是某高校本科毕业生。这年他申请出国留学，获得了学校的审批。

来到美国后，他结识了一个好朋友叫做彼得。两个人经常一起学习，一起踢足球打篮球，就连课题研究也是一样的。但是最近两个人却发生了一次不小的争吵，给两人的友谊蒙上了阴影。

原来有一次，小黄关心地问彼得："你家里有几口人啊？"

彼得一听，厌烦地说："这是我的秘密，不能告诉你。"

小黄觉得不可思议，生气地说："我这是在关心你，关心你的家庭。你怎么不识好人心呢？"

彼得也生气了，他说："你们中国人难道对别人的家庭就那么感兴趣吗？"

小黄气愤地说："我关心了你一下，你怎么扯上中国人了？中国人哪里得罪你了？！"

彼得大声说："我不讨厌中国人，但我讨厌你。"说完他头也不回地走了。

从那以后，小黄和彼得很少说话，两个人见了面也是扭头就走。

向对方提问，一定要注意，不要问没有意义的问题，否则会引起对方的厌恶。可能你觉得你是在关心对方，但是有个前提对方是否需要你的关心。如果对方不需要，那么你的关心就会给对方带来压力。同样，在提问的时候，要想清楚，对方是否愿意回答你的问题，如果你觉得对方不愿意回答，那么你的提问根本没有任何意义，还会让对方觉得你很无聊。所以，在提问的时候，一定要避免提问无效的问题。那么，到底如何避免提无效的问题呢？

1. 提问要有针对性

在向对方提问的时候，一定要有针对性，不能眉毛胡子一把抓。要根据对方的年龄、身份、文化素养和性格来提出不同的问题。比如对小朋友可以问："你今年几岁了？"但是对于老人就不能这么问。对于中国人，询问对方的家庭，对方的收入等都表示关心，也是对对方的尊重。但是如果这样问一个美国人，则会引起对方的厌恶，他们觉得是在打听隐私。所以，要针对不同的情况用不同的方式来询问。这样，在人际交往中，才能维持良好的人际关系。如果不了解对方的实际情况，最好不要盲目地提问，否则会给自己带来不必要的麻烦。

2. 要照顾对方的心理状况

在提问的时候，一定要照顾对方的心理状况，比如对方高兴的时候，可以询问："什么事让你这么高兴啊？"对方在兴头上，自然愿意把快乐跟你分享。如果对方受到了巨大的刺激，悲痛欲绝。这时候你如果问："怎么了啊？让你这么难受。"对方本来就难受，你的询问无疑加剧了别人的痛苦。所以，在询问的时候，一定要看对方的心理状况。对方心情好的时候可以询问，分享快乐。对方心情不好的时候，也可以询问，可以分担痛苦，但是仅限于关系比较好的朋友之间。如果关系没有达到一定的程度，贸然询问，不但得不到对方的肯定，还会成为对方的出气筒。

3. 要选择合适的话题

话题是两个人交流的载体。在试图了解对方的时候，询问是一条很快的途径。但是询问的时候，一定要选择合适的话题，否则双方说几句话就没话可聊了。这样双方的交流就没有办法正常的进行。在选择话题的时候最好选对方感兴趣的话题，比如一个人羽毛球打得很好，你就可以问："听说你很喜欢打羽毛球，是么？"对方喜欢打羽毛球，自然有很多愿意交流的心得。这样，双方就羽毛球会展开一番交流。所以，询问的时候一定要事先了解对方感兴趣的话题。如果不知道，可以通过观察来试探。比如对方穿着运动服出现在你的面前，你可以问："你平时很喜欢运动吗？"如果对方回答是，则有了话题可聊。如果对方回答不是，可能会告诉你他喜

欢什么。这样，围绕着对方喜欢的话题，也会展开一番交流和讨论。

逐层深入，步步为营

孟子拜见齐宣王，问："您曾经说您爱好古乐，有这么一回事吗？"

齐宣王有些不好意思，只得据实说："我并不是爱好古乐，只是爱好一般的音乐罢了。"

孟子说："只要您非常爱好音乐，那齐国便会富强了。无论您爱好的是现在的音乐还是古代的音乐，它们都是一样的。"

齐宣王说："先生可以清楚地说明这个道理吗？"

孟子说："一个人单独欣赏音乐的快乐，和与大家一起欣赏音乐的快乐，究竟哪一种更快乐呢？"

齐宣王说："当然是与大家一起欣赏音乐更为快乐。"

孟子说："与少数人欣赏音乐快乐，和与多数人欣赏音乐也快乐，究竟哪一种更快乐呢？"

齐宣王说："当然是与多数人一起欣赏音乐更快乐。"

孟子接着说："那么就让我和您谈谈赏乐的道理吧！假如大王在这儿奏乐，老百姓听到鸣钟击鼓、吹箫奏笛的声音，却都愁眉苦脸，'我们的国王这样爱好音乐，为什么我们却苦到这般地步呢？'原因就在于大王只图个人享乐，而不与百姓同乐。但是，假如大王在这儿奏乐，老百姓全都眉开眼笑，'我们的大王大概很快乐，要不怎么能够奏乐呢？'这没有别的原因，只是因为国王与百姓能一同娱乐罢了。所以，如果大王能与百姓同乐，就可使天下归服了。"

说话的时候要一步一个台阶，按照对方思维发展的趋势，逐渐提出问题，这样才能逐步否定对方的观点，最后将对方否定。孟子在这段论辩中用了因势利导的方式。当他听说国王喜爱音乐时，就由此下手，用一个个问句，一步步疏导，最后得出结论：如果大王能与百姓一同娱乐，就可使天下归服，从而达到说服齐宣王与民同乐的目的。那么，在询问时如何进行逐步深入呢？

1. 预先明确目标

在询问的时候，一定要有一个明确的目标，你向对方发问是想到达一个什么目的。只要明确了这个目的，在具体的询问中就会有所指。千万不能没有目标，胡乱发问。这样不但不能达到逐步深入的目的，还会引起对方的反感。有了明确的目标，还要明白每一个问题怎么问才算合适，问到一个什么程度上才算恰到好处。只有心中有了这些明确的规划，询问起来才不会不知所云。所以，在询问之前，一定要找到自己询问的明确目的，要明确自己想要达到的目标。

2. 说话要有逻辑性

在询问的时候，每个问题之间都要有很强的逻辑性，这样才能一步一步将对方引到我们预先设置好的目标上。如果哪一个环节上出了问题，自相矛盾，或者问题问的不严谨，这样就没有办法成功引导对方。因为你自身出了问题，也就意味着你所设置的所有逻辑都存在了问题。连自己都说服不了，怎么去引导别人呢？所以，在引导的时候，一定要注意语言的逻辑性。要仔细斟酌每一个词，每一句话。把话说得严谨一些，不要犯明显的错误。这样一来，对方在你的引导下才能顺利到达预先设置好的目标。否则，被对方找出逻辑的错误，反驳得无话可说，不但不能引导对方，还有可能被对方引导。

3. 多用问句引导

在引导对方的时候，要多用问句。尤其是反问句，让对方所坚持的观点和看法在你的反问下失去抵抗力，从而乖乖地听从你的调遣。当然，在用反问句的时候，要先用大量的论据和事实将对方驳倒。在你的反问下，对方再不缴械投降也已经没有退路了。这样在你环环相扣的一个个反问下，对方会一步步地跟着你靠近预先设置好的目标。比如：你举了大量的例子说明不上学是没有出路的，然后问："难道你还不想去学校吗？"在事实面前，对方自然乖乖地跟着你去学校。如果事实不充分，说明不了问题，对方自然会起身反驳，这样整个设计就会功亏一篑。

把握问题的尺度，打好擦边球

肖云今年25岁了，按理说早已经到了谈婚论嫁的年龄了，可是肖云非常挑剔，始终没有找到自己满意的对象。于是她的婚姻大事就成了父母的压力，二老托人四处打听介绍，后来在邻居王大妈的介绍下，与一个老师见了面。

初次见面，双方都很满意，通过几次的接触，双方很快建立了恋爱关系。第一次在公园门口准时约会。小伙子多少有些腼腆，平日里很少跟女生打交道，第一次约会也不知道说什么。肖云接触的男生不少，但是毕竟和对方也是刚刚认识，也不知道该说什么，于是双方持久的沉默着。

肖云想问个问题，打破沉默，于是她问："你谈过恋爱吗？"小伙子一脸的惊恐，摇了摇头，双方再次陷入沉默。

过了几分钟，肖云再次提问："你工作轻松吗？工资多少钱啊？"小伙子支支吾吾说了几句，就找了个借口走了。

从那之后，他们再也没有见过面。原来男方对肖云问的问题很反感，觉得她是个只看钱的人。就这样，一个不恰当的提问毁了肖云的一段姻缘。

向对方提问的时候，一定要把握好尺度。如果两个人关系还很陌生，就不适合问一些过于深的问题，因为对方不回答似乎不礼貌，回答了又对你没有信任感，觉得自己不安全。所以，在提问之前，一定要想一想，问这样的问题合适不合适，如果觉得不合适最好别问，问了只能徒增双方的尴尬。那么，在具体的提问中，如何才能把握好提问的尺度，打好擦边球呢？

1.提出的问题要符合双方的关系

人与人之间的关系不一样，问问题的时候，也要适当的考虑清楚，这个问题是不是你们之间目前的关系所能问的。比如故事中的肖云和小伙子之间，双方还很陌生，就问收入，显然不合适。这个问题如果到了双方已经热恋之后再问，也没什么不可，只是双方刚刚认识就问，一下子将两人之间的距离拉得很近，对方自然受不了了。所以，在提问的时候，一定要明确你和对方的关系，一般情况下，关系熟了，问得有点深度也不为过，如果关系还很陌生，最好不要问过于隐私的问题，这会让别人感觉到没有安全感。

2. 不宜问对方不知道的问题

在向别人提问的时候，一定要事先想一想，对方能否回答这个问题，如果觉得能回答，那么提问，对方自然很高兴为你解答，但是如果对方不能回答，你却问了，令对方尴尬，这就失去了提问的价值所在。比如你问一位医生："去年发生在本市的肝炎病例有多少？"这个问题对方很可能就答不出来，因为一般的医生谁也不会去费神地记这类数字。要是对方回答说"不太清楚"，就不仅使答者有失体面，问者自己也会感到没趣。

3. 不要打破砂锅问到底

有些人总喜欢打破砂锅问到底，不管你愿意不愿意回答，总是没完没了的发问，让人厌烦。问问题的时候，不要打破砂锅问到底，如果对方不愿意回答，或者不愿意多说，那就适可而止。比方说，你问对方住在哪里，对方回答说"在北京"或者说"在香港"，那么你就不宜再问下去。如果对方高兴让你知道，他一定会主动详细地说出来，而且还会说"欢迎光临"之类的话。否则，别人便是不想让你知道，你也就不必再问了。此外，在问其他类似的问题如年龄、收入等的时候，也要注意掌握问话尺度，要适可而止。

4. 提问必须掌握最佳的时机

提问并不像逛大街、上自由市场那样随时都可以进行，有些提问时机掌握得好，发问的效果才佳。两个过去很要好的朋友都刚刚走上工作岗位，一个偶然的机会他们相遇了，互相询问："你们单位怎样？工作还顺利吧，谈恋爱了吗？"显得既亲热自然，又在情理当中。中国人见面打招呼都喜欢问一句"吃了吗"，如果这话用在吃饭时间前后，倒也无妨，但如果下午三点左右在公共汽车上遇到熟人也问这么一句，就难免让人感到有点莫名其妙。

让对方说"是"，掌握主动权

大卫是一位推销电动机的推销员，一次他去拜访一家老客户，准备说服他们再购买几台新式电动机。在去之前大卫和这家公司的工程师通过电话，了解到工程师前一天到车间去检查，用手摸了一下前不久大卫推销给他们的电动机，感到很烫手，便断定大卫卖给他们的电机质量太差。

当大卫刚踏进那家公司的门口，就遭到了对方工程师的拒绝，那名工程师说："大卫，你又来推销你那些破烂了！你不要做梦了，我们再也不会买你那些玩意儿了！"

大卫冷静地考虑了一下，心想如果与对方辩论电动机的质量，肯定于事无补。于是他便采取了另外一种思路，他对工程师说："好吧，我完全同意你的立场，假如电动机发热过高，别说买新的，就是已经买了的也得退货，你说是吗？"

"是的。"工程师回答说。

"你是知道的，任何电动机工作时都会有一定程度的发热，只是发热不应超过全国电工协会所规定的标准，你说是吗？"

"你说得对，是这样。"

"如果按国家技术标准，电动机的温度可比室内温度高出42℃，是这样的吧？"

"是的。但是你们的电动机温度比这高出许多，昨天还差点把我的手烫伤！"

"哦，是这样。那么请问你们车间里的温度是多少？"

"在24℃左右吧。"

"这就对了。车间是24℃，加上应有的42℃的升温，共计66℃左右。那么一个人把手放进66℃的水里是不是会被烫伤？"

"嗯，好像是的。"

"这就对了啊，所以以后千万不要去摸电动机了。我们的产品质量，你们完全可以放心，是绝对没有问题的。"

就这样一直让对方说"是"，大卫又做成了一笔买卖。

让对方说"是"，是一种说话的艺术，如果你学会了这种艺术，你将终身获益。当一个人在说话时，如果一开始引导他来说"是"，那么他已经在内心深处有了肯定的一面。这时候内心的抵抗和戒备就会完全放松，交流起来的气氛就会融洽很多，对方也容易放弃自己原来的偏见，转而同意对方的意见。在这个案例中，大卫从一开始就引导工程师回答"是"，从而抓住了问题的主动权，使谈话的结果向着自己更有利的方向去发展。到底如何才能让对方说"是"呢？以下几点，值得借鉴！

1. 把要说的话说对

卡耐基曾经说过，认识不可能被说服的，天下只有一种方法可以让任何人去做任何事，那就是让他自己想去做这件事。而让他自己想去做这件事，唯一的方法是让他认为你说的是对的，让他认为他是在遵循对的东西才这样做。

比如说一个顾客拿着一件商品舍不得放下，这时销售人员就不应问顾客喜不喜欢，想不想买这样给顾客选择性的提问。因为你问顾客"想不想买""喜不喜欢"时，顾客可能就会回答"不"。因此，在这个时候你一定要明白一点，顾客拿着那件商品，一定是他喜欢的，所以你应该问："你一定很喜欢，是吧？"这时顾客肯定回答的是"是"。因为你说的是对的，他拿着那件商品舍不得放下，确实是他所喜欢的。

2. 创造出对方说"是"的氛围

奥佛斯屈教授在他的《影响人类的行为》一书中说："当一个人说'不'时，他所有的人格尊严都已经行动起来，要求把'不'坚持到底。事后他也许会觉得这个'不'说错了，但是他必须考虑到宝贵的自尊心而坚持说下去。因此，使对方采取肯定的态度，是一件特别重要的事。"由此可知，在和对方交谈的时候，要避免对方说"不"的气氛，一定要创造出对方说"是"的气氛。比方说，在和对方谈话的时候，我们应该把自己置于"是"这一情景之中，将对方可能采取的反对意见铭记于心，同时，还应牢记我们所熟知的对方的观点。你还可以运用肢体语言，当你在问别人"是这样吧？""一定是吧？"等让对方回答"是"的问句后，你一定

要先点头给对方造成一个"是"的气氛。

迂回发问有益于问题的直接解决

小于和老王是生意上的伙伴。一次，小于给老王发了整整两车货，可是老王却因为资金有限，迟迟没有结款，这让小于压力很大，毕竟小于也是小本买卖，没有足够的资金流转，生意根本没法正常运营下去。

但是小于也不敢追的紧了，万一老王一发脾气，要起赖，这笔账就有可能成为死账。这是小于最怕的。所以小于既想要账，又怕得罪老王。

这天，小于来找老王。二人来到餐厅，点了一桌上好的酒席，一边吃，一边喝，称兄道弟论起了交情。席间，小于突然悲伤起来，这让老王丈二和尚摸不着头脑，在老王的再三询问下，小于一再的哭穷，说自己的生意就要大亏本了，公司也要倒闭了。小于越说越伤心，最后哭了起来，他拉着老王的手说："王哥，你说我是不是天生就这命啊？"

小于说得越悲惨，老王越难受。他再也坐不住了，当晚就把货钱给小于结了。

有些问题，不方便直接问，就要迂回发问绕个弯。比如故事中，小于的一问，不是真正的问，而是在拷问老王的良心。如果小于说一大兜子好话，问老王："我的钱你什么时候结？"可能老王无论如何也不会立即给他钱的，而且这样直接问还会伤了两人的交情。所以，有些时候，有些问题绝对不能直接问，要采取迂回发问的形式，将你的问题传达给对方，而且让对方保留了足够的面子，这样才有益于问题的直接解决。那么，在迂回发问的时候，要注意哪些问题呢？

1.问的问题和急需解决的问题之间要有关联性

在采用迂回发问的时候，问的问题和急需解决的问题之间要有关联性，这样才能让被问者明白对方的意图。否则，你问的问题与继续解决的问题之间一点关联性也没有，问了也是白问，对方根本不知道你的意图所在。对方不明白你的意思，自然给你解决不了问题。所以，在采用迂回发问的时候，一定要找到两个问题之间的关联性。这样，才能达到指桑骂槐的效果。如果对方想给你解决，自然顺水推舟解决了你的问题。如果对方不想解决，也会找个理由搪塞。这样一来，双方也不会撕破脸皮，但是问题最终无法解决。所以，采用迂回发问的时候，一定要找到关联点，不能盲目发问。

2. 要选择一个合适的时间

在用迂回发问的时候，一定要找个合适的时间，比如对方闲看的时候，或者是晚饭后。向对方表达你的意愿，一定要确定对方一定能听得懂，并且有时间去听，否则就失去了意义。如果对方正在忙，你一个劲地在旁边讲故事，对方觉得你实在闲的无聊，自然不会搭理你。所以，在向对方提问的时候，要事先了解对方什么时候能听得进去，什么时候能解决问题。问题得到妥善的解决是迂回提问的关键所在。

3. 要有个适当的铺垫

在用迂回的方式向对方提问的时候，要事先设置一个铺垫。比如故事中，小于采用迂回的方式向老王要钱的时候，首先请对方喝酒，然后借着酒后诉苦，把自己的苦衷通过生意的失败表达了出来。事实上，如果老王给了钱，生意自然不会失败了。所以，小于借着喝酒这个铺垫，将自己想要要钱的想法成功的传达给了老王。最终将问题成功解决了。所以，在向对方迂回发问的时候，也要找个合适的铺垫。有了这个铺垫，在迂回发问的时候就能巧妙通过铺垫的情景将意图成功地传达给对方。

第十三章

自我解嘲：帮你走出窘境的魔力语言

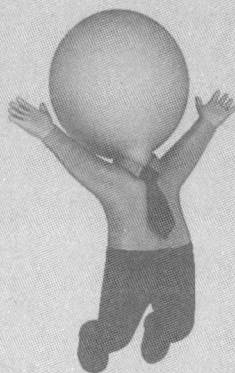

直面缺点，自嘲可以博得同情

一次，林肯遇见一位妇人，她仔细端详了林肯后说："先生，你是我见过的最丑的男人了，你为什么没有一张好一点的脸呢？"林肯回答说："夫人，我实在没办法，请问你有什么好的建议吗？"那位妇人想了想后说："那你总可以待在家里吧？"

林肯笑着对那位夫人说："谢谢你，我的夫人，这倒是一个挺不错的建议。"

无独有偶，几天后，林肯与他的竞选对手进行一场公开的辩论赛。他的竞选对手指控他说一套做一套，完全是个有两张脸的人。

林肯哈哈一笑说："几天前，我遇到一位老妇人，她看到我的这张脸建议我待在家里不要出来，但是为了美国人民的福祉，我不得不带着我的这张丑脸出来工作。他指责我有两张脸，大家说说看，如果我有两张脸的话，我会带着张丑脸来见大家吗？"林肯的话逗得大家哄堂大笑，连他的对手也跟着笑了。

正是在自嘲与调侃的辩论中，林肯博得了大多数选民的同情与理解，一路顺利，最后成功当选美国总统。

每个人都会有自己的优点和缺点，这是人所共知的事情，我们有很多人在为人处世方面更多的是将自己的优点展示给别人，而将自己的缺点深深地隐藏起来，不愿意将自己的缺点展现出来，哪怕是微小的一点点。其实，很多时候我们应该不怕将自己的缺点和短处展现出来，而是应该注意当出现别人拿你的缺点和短处说事的时候，我们应该怎样去面对的问题。在这种情况下，自嘲不免可以成为一种解决窘境的方法和手段，甚至赢得大众对自己的同情和帮助。有时候自揭短处会得到意想不到的收获，而越是隐藏自己的缺点和短处，反而会适得其反。那么，我们该如何巧妙地运用自嘲这一手段为自己化解问题呢？

1. 敢于将自己的缺点和短处显露出来

在我们日常生活中，很多人不愿意将自己的缺点和短处显露出来。很多成名的影视明星，其实在他们光鲜的表面背后，有很多不为人知的故事，甚至是难以启齿的心酸事，在他们成名以后，最忌讳的就是提到这些心酸往事。其实，这些都是没有什么的，每一位成功人士，都会或多或少走过一些弯路，但这并不妨碍他们今天的成名，有的人当被别人提及自己的这些往事时会勃然大怒，而有的人则会很巧妙地运用自嘲的手段来化解大众对自己的猜忌，甚至是以博取大众对自己的同情来获取更高的人气。公众人物尚且如此，更何况我们普通人呢？所以说，自嘲不一定就是说自己看不起自己，相反，在自己处在窘迫的境地下，我们更应该运用自嘲这一手段来为自己化解危机。

2. 自信地自嘲博得别人的同情

有的人将自己的短处和缺点显露出来了，也有勇气自嘲，但是在真正碰到这种情况的时候却遮遮掩掩，害怕被别人嘲笑。甚至于有的人临阵退缩，招来别人更多的耻笑。其实，我们自嘲就是要很有自信心，你就把它当做讲一个笑话或是和别人开的一个玩笑，而当这个笑话讲完或是玩笑开完的时候，无形之中，既化解自己的窘迫尴尬境地，而且也会博得别人的同情。而有的时候，遮遮掩掩反而会更加引起别人对你的嘲笑，甚至是更加看不起你，这样的自嘲也就显得没有什么意义了。所以自信地自嘲也是一个人走向成熟的标志。

3. 适时、巧妙地运用自嘲

有时候我们敢于将自己的短处显露出来，但是，为什么还是会得到适得其反的效果呢？这是因为我们不善于巧妙地运用自嘲这一手段。有的人勇于去面对自己的窘境，也想通过自嘲来化解自己的窘境，但是他不分时间和场合，所以，这就得不到预想的效果，有时候还会有适得其反的效果。比如，在正式场合，我们自嘲要的是无伤大雅，既不要把自己贬得太低，还要给别人面子，相反，与自己比较亲密的朋友在一起的时候，那就

可以随意一点，可以在自嘲的同时，适当地予以反击，但是，言词是不能太激烈的。有些人勇于运用自嘲的手段，但是，不分场合，不分时间，不仅不能博得人们的同情与支持，相反，还会有更加遭人鄙夷的后果产生。

对待窘境，自嘲可以增添乐趣

抗战胜利以后，张大千从上海返回四川老家。临行前，众多好友设宴为他饯行，并特地邀请了梅兰芳等人作陪。

因为张大千是第一次与梅兰芳相见，两人相谈甚欢。宴会开始前，大家请张大千坐首座。张大千说："梅先生是君子，应坐首座，我是小人，应陪末座。"闻听此言，众人都不解其意，以为两人有什么过节。而他的好友甚至开始给他使眼色，暗示他不要在如此重要的场合驳了梅先生的面子。

只见张大千不慌不忙地解释说："不是有句话'君子动口，小人动手'吗？梅先生唱戏是动口，而我作画是动手，所以梅先生是君子，而我则是'小人'，我理应请梅先生坐首座。"

满堂来宾闻听此言都为之大笑，一颗悬着的心都放了下来，并请他俩并排坐首座。

后来，梅兰芳每每提及张大千都不忘说起这一事，来称赞张大千的幽默与智慧。

善意的自嘲有时候可以带来意想不到的效果，甚至带来意想不到的乐趣。故事中的张大千自嘲为"小人"，看似自贬，其实是"醉翁之意不在酒"，用自嘲的手段表现了他豁达开朗的性格和胸怀，也一下子拉近了与陌生人的距离。在平日里我们与人交往，与其在人前蒙羞，处境尴尬，不如让我们用自嘲来对付窘境，不仅可以很容易使自己找台阶下，也可以达到幽默的效果。这样，既能体现自己的智慧，又可以给人带来乐趣，何乐而不为呢？在欢快的笑声中，我们可以给第一次见面的人留下美好的印象，也可以使本来不容易办到的事情变得很容易办到，因为你在的地方可以给人带来乐趣。

1. 自嘲中体现智慧与幽默

在很多时候，自嘲也是一门学问，一门艺术。如何将这门艺术运用好，就体现着自己的智慧。在生活中我们可能经常碰到这种情况，有些人善于用自嘲将自己遇到的窘境转嫁在一个虚无的人身上，并能给别人带来意想不到的笑声，这真正体现着这个人的智慧。比如，一个胖人不小心在大庭广众之下摔了一跤，他爬起来说："幸亏我这一身肉，要是个瘦子，只怕今天骨头肯定要折了。"一句自嘲的妙语，引得在场的人都哈哈大笑，自然这位胖人在众人的笑声中也免去了难堪的窘境，体现出了自己的智慧和幽默，给周围的人增添了几分乐趣。幽默诙谐的自嘲，不需要当事人刻意地去掩饰，在人们善意的笑声中，周围的人也不会再去斤斤计较，很快就会淡忘。

2. 得体的语言和行为举止

由于受各种外在因素的影响，现代人在面临窘境的时候，常常有一些不好的习惯用语，甚至有人会破口大骂，让周围的人觉得这个人没有很好的涵养，甚至是没有教养。同样，有人在自嘲的情况之下，有意无意之间也会流露出一些不好的行为习惯和用语，如在公共场合破坏公共财产等。那么，在这种情况下，周围人的笑声也会是嘲弄你的笑声，甚至是瞧不起你，会使你所处的境地更加难堪。所以，我们在面临窘境的时候，得体的语言和行为举止可以使我们避免陷入更尴尬的局面。至少我们不会说或是不会做与周围环境不协调的语言和行为，那样，我们面临的尴尬窘境就已经解决了一半。

3. 以自嘲和大家同乐

不管遇到什么样的窘境，自嘲都会让你备受欢迎。同样自己真心实意的自嘲会让自己和众人都开心。不要觉得自己遭遇尴尬或是做错了事情就是不好的事情或者说心情就会坏到了极点，其实，完全没有这个必要。例如，你做错了事，你可以对大家说："瞧，世界上没有人是完美的，我就是一个最好的证明"，同时回报大家一个会心的微笑。这样，以自嘲和

大家同乐，自己的心情也不会因为这件事而过分低落，大家也会更加信任你、敬重和佩服你，而你自己的心情也自然会好起来，尽快地投入到工作和学习中来。

委婉拒绝，自嘲可以赢得面子

有一次，美国总统杜鲁门会见麦克·阿瑟将军。

麦克·阿瑟因战功卓著，在军界和政界都享有很高的声誉，所以在会见中显得十分傲慢。会谈过程中，当屋子里只有他们两个人的时候，麦克·阿瑟拿出烟斗，装上烟丝，把烟斗叼在了嘴里，并取下火柴。当他准备划燃火柴时，才停下来，对杜鲁门说："我尊敬的总统先生，我抽烟，你不会介意吧？"

很显然，这不是在真心征求对方的意见，在他已经做好准备的情况下，如果对方说介意他抽烟，那就会显得粗鲁和霸道。这种缺少礼貌的傲慢言行使杜鲁门很是难堪。

然而，他只是笑着看了麦克·阿瑟一眼，耸耸肩，自嘲道："抽吧，将军，别人喷到我脸上的烟雾，要比喷在任何一个美国人脸上的烟雾都多。"

麦克·阿瑟闻听此言，自己觉得有些不好意思，于是将烟斗收了回去。

由此可见，当令人难堪的事情即将要发生或已经发生的时候，运用自嘲手段可以委婉地拒绝，使事情出现转机，也会使你的自尊心通过这种方式得到保护，同时不会引起他人很强烈的反感。生活当中，我们会碰到很多诸如此类的事情，尤其是当年轻人遇到这类事情的时候，很容易冲动。认为这是对自己的不尊重和不礼貌，说话会带着浓浓的火药味，那样既使自己不快乐，同时也会引起别人的反感。那么，在这种时候，自嘲的手段就会显得尤为重要。通过自嘲，我们可以充分表达自己的意愿，又可以委婉地拒绝事情发生。既为自己赢得了面子，也给足了别人面子，一举两得。

1. 在自嘲中赢得自尊

我们都知道要想赢得别人的尊重，自己就要先尊重别人。在当今快节奏的生活环境下，许多人紧跟节奏，却少了一丝幽默与诙谐，这一点尤其表现在当今年轻人当中。有时候开一个善意的玩笑，往往都会引发争吵，这样与人相处，自然得不到别人的尊重，甚至有可能被周围的人孤立。那么，我们可以在争吵中试着去学会自嘲，就算是别人的一个玩笑拿自己开涮，我们也可以通过自嘲来化解，以这样的方式既尊重别人，增加感情，又可以赢得别人的尊重。不是说非要与别人争个高下，才能显出自己的水平来。

2. 在自嘲中学会说话

在自嘲当中学会说话也是一门学问。当一件事情发生时，如何拿捏话语的分量，也是十分重要的。同样的一句话，从一个人嘴里说出来，大家都会觉得十分舒心。而从另一个人嘴里说出来，大家就觉得不那么顺耳了。在生活中我们常常会去商场买东西，当我们挑到一件商品发现它有瑕疵时，有的售货员就会说道："就这样的东西，你爱买不买。"而有的售货员就会说："啊，是啊，这件东西真是这批中的另类，我可以帮您找一件同类的……"想想看，多数人都是会在心情好的时候去商场，如果碰到前一个售货员，我们的心情可想而知。

3. 在自嘲中学会拒绝

两个打工的人找到城里工作的朋友小张，对小张倾诉打工之苦，又说租房还没找到合适的，住店又住不起，言下之意要在小张这借宿。小张自嘲道："我这耳朵眼大的房子住着一家三口，我儿子晚上都是睡沙发，你们来看我，我真应该好好留你们住几天。"两位同乡一听，只得知趣地离开了。现代年轻人喜欢说话直来直去，其实有时候我们不妨学学怎么去拒绝别人。拒绝别人有很多种方式，在自嘲的同时又可以暗示别人自己所处的尴尬境地，不失为一种绝好的方式。我们要在自嘲中学会委婉地拒绝别人，在自嘲中解决问题。众所周知，如果别人有求于你，你明言拒绝别人是不礼貌的行为，也会使别人觉得难堪，而运用自嘲的手法，我们就可以委婉拒绝别人，当然，我们一定要在自嘲中学会拒绝，但是不要让别人把

我们当成是不礼貌的人。

化解尴尬，自嘲可以打破僵局

有一个人在一家餐馆就餐时，发现汤里有一只苍蝇，不由大动肝火。

他先是找来服务员理论，对方全然不理，服务员的这种态度使得他火上加火。后来他怒不可遏地找到餐馆老板，提出抗议："这一碗汤究竟是给苍蝇的还是给我的，请你解释解释。还有你们这样的服务态度实在是太差劲了，我要投诉你们。"

那老板一个劲地只顾训斥服务员，却全然不理睬他的抗议。他只得对老板说道："对不起，请您告诉我，我该怎样对这只苍蝇的侵权行为进行起诉呢？"

那老板突然一怔，停止了对服务员的指责，意识到自己的错处，忙叫人换来一碗汤，谦恭地对那个人说："您是我们这里最尊贵的客人！欢迎您以后继续对本店多提宝贵意见。"

而此时那个服务员也意识到自己的错误，一个劲地对他道歉。

在维护自己正当权益的时候却使自己陷入了两难的境地，这是我们经常在日常生活之中碰到的事情。当我们从18岁走向成年人的时候，在尴尬的处境中，年轻气盛的我们更容易发脾气，要是在这种时候碰到对你不理不睬的人，那么你会觉得更加尴尬，更火上加火。这样的结局，只是会让你把事情弄得更僵。那么，我们可以运用自嘲的手法，来打破僵局。运用自嘲的手法，我们不仅可以打破尴尬的僵局，又能解决问题，同时也可以赢得别人对自己的尊重，让人觉得你是一个有良好修养的人。

1. 不要死缠烂打地纠缠不清

当我们还是小孩子的时候，听到有别的小孩子骂了自己一句什么脏话，自己便总觉得吃亏了，总是想要自己也骂他几句才觉得解气，否则，便觉得自己很委屈。那么成年以后的我们，就再不要有这种心理了。有时候，出现僵局的时候，我们应以自嘲的手段降低姿态来缓和僵局，即使自己有理，也不要抬高姿态，盛气凌人，那样无助于问题的解决，反而会使僵局越来越僵，最后局面甚至无法收拾。我们要做一个善于运用自嘲手法来打破僵局的人，不要老是觉得自己吃亏了，那样反而搞得自己不舒服，即使有助于僵局的打破，效果也是不好的。僵局出现的时候，自己以自嘲缓和一下局面，不一定代表自己就是错误的，强词夺理、盛气凌人，反而会让人更加鄙视你，即使是对方的错误，人家道歉也不会是心服口服的。所谓"得饶人处且饶人"，就是这个道理。

2. 善于打破僵局

在僵局出现的时候，我们要善于并且勇于去打破它。有的人在僵局出现的时候，抱以一种事不关己的态度，反正僵着就僵着，又不是我一个人的事情。首先，这样的态度就是有问题的。比如，我们用的电子产品出现故障，找到了售后人员，觉得反正自己是上帝，就等着你给我处理问题，还时不时地催促人家，并且不时地絮叨有多忙多忙，等等。这个时候，我想大多数的售后人员都会心生厌烦，只想早些摆脱你。其实这个时候，一个微笑，一句自嘲的话语，就可以打破僵局，使事情出现转机，人家也不会对你心存芥蒂，服务态度肯定好，我们自己也会心情舒畅，一切问题都会迎刃而解了。

3. 适时而止，不要让自己成为笑柄

有的人具有笑星的天赋，无论处在何时何地，都会是受人欢迎的对象。那么，肯定也会是一个自嘲的好手，并且也善于自嘲。但是，这就出现一个问题，这些"潮人"不管拿自己还是别人开起玩笑来没完没了，这也是一个不好的现象。所以，通常情况下，"点到为止"，让别人意会就可以了，不需要喋喋不休，过分自嘲。否则，将会引发交际危机，使局面更加难堪。

留有空间，自嘲可以赢得好感

小王家境富裕，父母都是社会名流，所以一家人是极有涵养的，对面子问题十分看重，从不肯在别人面前失态。

小王相处了一个对象，姑娘聪明伶俐，机智过人，但是有点大大咧咧。这天，小王第一次带女朋友回家见父母，两人心里都有点忐忑不安，生怕小王父母看不上姑娘，不同意这门亲事。所以，姑娘显得有些小心翼翼。

姑娘见过小王父母后，大家不咸不淡地拉拉家常，不知不觉快到中午。就在这时，坐在沙发上的小王父亲肚子咕咕地响了起来，在场的人都听了个一清二楚，大家你看看我我看看你，小王父亲觉得很失面子。

这时，只见姑娘不慌不忙说道："伯父伯母，你们听，我肚子都饿得咕咕直响，开始唱空城计，向我抗议了。"小王父母一听，会心一笑说："就是就是，你看看我们差点就聊过头了。好！咱们一起吃饭。"

后来，小王和那个姑娘的亲事自然而然就成了。

自嘲可以给自己留有很大的空间，也可以给别人留有很大的空间，而且有时候还可以赢得别人意想不到的好感，增加自己处理问题的筹码。善于自嘲的人，往往会给人留下美好的印象；善于自嘲的人，往往会显示出自己的智慧与幽默，而这种人也往往会很"吃得开"。每个人都会遇到尴尬的境地，对于别人所处的这种境地，我们有时候也要表现出"潮人"的智慧，来显示自己的智慧与大度，赢得别人的好感。

1. 自嘲最保险

有句俗话叫做"打人不打笑脸"，这句话是十分有理的。同样，当别人处在尴尬之中时，自嘲自己也是最保险的，而且能很轻易地赢得别人对自己的好感。一家蔬菜公司的副科长负责到郊区调运鲜菜，卖方想趁机捞一把，索价很高，双方僵持不下。眼看城里市场蔬菜供应严重不足，快要脱销，心急如火的科长却摆出一副泰然自若的样子，自嘲道："其实，你们把我看高了。我不过是个小科长，还是副的，我手里能有多大的决定权？再说，夏天这么热，我花大价钱买一堆烂菜帮子回去，能担当得起亏损的责任吗？"卖方不禁大为泄气，动摇了索要高价的决心。并且，对科长的"苦衷"与"难处"还产生某种同情心，不得不妥协。最后终于降低了菜价，达成了协议，该科长则顺利完成了蔬菜调运任务。

2. 自嘲使得别人有自知之明

希腊哲学家苏格拉底的妻子是个暴脾气，常对他发脾气。一次，老婆又发起脾气来，大吵大闹，很长时间还不肯罢休，苏格拉底只好退避三舍。他刚走出家门，那位怒气难平的夫人突然从楼上倒下一大盆水，把他浇得像只落汤鸡。这时，苏格拉底打了个寒战，不慌不忙地说："我早就知道，响雷过后必有大雨，果然不出我所料。"妻子闻听此言，火气已经消了一半。

显然，苏格拉底带有自嘲意味的讥讽，使他从窘境中超脱出来，显示了极深的生活修养。同时，使得他的妻子认识到了自己的错误。对于别人和自己的尴尬境地，我们都应该设身处地地想一下。自嘲不仅可以给人带来快乐，拉近与陌生人的距离，同样可以教育别人，赢得别人对自己的好感。

3. 自嘲中体现自己的幽默与大度

自嘲可以增加幽默感。邓小平同志个子矮，他幽默地说："天塌下来有高个子顶着。"一语道尽矮个子的"优越性"。他的风趣不但使人忘了他个子矮的不足，而且看到了他作为伟人的博大胸怀。通常情况之下，个子矮的人是不愿意别人说他矮的。但是，有的人就乐于拿自己个子矮这一事情来自嘲，都会取得意想不到的效果，加深别人对自己的好感。

含沙射影，自嘲可以训诫警示

某老师广东口音，普通话不过关，常常在上课时，因为发音不准，而使自己陷入尴尬两难的境地。

有一次上语文课，讲到某一问题要举例说明时，他把"我有四个比方"说成了"我有四个屁放"，顿时教室里像炸开了锅，学生笑得不可收

拾。一时间，老师也显得十分尴尬。

此时老师灵机一动，索性停下了讲课，自嘲吟出一首打油诗："四个屁放，大出洋相，各位同学，莫学我样，早日练好普通话，年轻潇洒又漂亮。"

老师的机智幽默立刻赢得了学生的热烈掌声，学生们也在老师的自嘲中，认识到学好普通话的重要性。

自嘲可以赢得别人的好感，可以打破僵局，增加乐趣，同样也可以起到训诫警示的作用，使别人在笑声与好感之中，同样可以吸取教训。当我们愤怒的时候，即使受到不公平的待遇或遭到令常人难以忍受的委屈，甚至是愤怒得想破口大骂时，不妨自嘲一下，在婉转化解窘境的同时，又可以带给别人警示，这也不失为一种良好的为人处世之道。

1. 含沙射影

《晏子使楚》的故事大家应该都知道。楚王羞辱齐国多出偷窃的人，晏子自嘲，齐国人在齐国都是品行端正的人，而一到楚国就偷窃是因为水土不服的原因。有时候即使对方无理取闹，但自己是不可以恼羞成怒的，这个时候，我们不妨学学晏子，自嘲一下，告诉楚王，不是齐国多出偷窃的人，而是警示作为一国之君的楚王，是你没有把楚国治理好。含沙射影，不是要我们去"暗箭伤人"，而是让我们在谈话的过程中，给羞辱我们的人以有力的回击。用自嘲的手法，既可以警示别人，又可以解决自己的窘境，总比我们大发雷霆的处理方式要好得多。不过含沙射影式的手法，也需要我们有驾驭高超语言的能力，反之，就会反弹伤害自己。

2. 适当地刺一刺无理取闹的人

对于无理取闹的人，我们也可以适时给以自嘲式的反击。有一群人在酒吧看中国队的比赛，其中一拨人预言中国队必胜，而另一拨人则预言中国队必输，最后甚至吵了起来。

这时候，只见一个人不紧不慢地站起来对两拨人说到："我也是一个预言家，在中国，帮中国足球队算命的预言家很多，但真正能踢球的人真的是少之又少。"两拨人听完立刻鸦雀无声。对于无理取闹的人，我们可以适时地刺一刺他们，自嘲的手法，既显现不出我们有那种训导人的口吻，又可以使我们更好地解决问题。坦然地承认现实，讽刺对方，而又嘲笑自己，在粗鲁和蛮横的侵犯面前，保住了自己的尊严，同时又表现出一种豁达大度、宽容厚道之气魄，从而在精神上战胜了对方。引人发笑和引人深思的成分不少，让人起敬的成分更多。

3. 在自嘲中训诫警示

从小到大，我们都是听着老师和家长的训导长大，所以，对于别人的训导，在很大程度上来说都是不愿意接受的。那么，既然我们不愿意别人来训导自己，就不要去训导别人，应该换一种方式来警示和训诫别人。有一个脱光了头发的人，去饭馆吃饭时一个服务生端着一碗汤不小心洒在了他的头上。当时，他很恼怒，但他对服务员自嘲道："嗨，伙计，我的头上根本就不长头发的，不要再在我头上乱抹药。"一句话，说得服务员很不好意思。

自嘲是一把双刃剑，剑柄就握在我们自己手里，用得好，就会给我们带来意想不到的好处；相反，就有可能伤人伤己。在自我嘲笑的过程中不但能使自己认识到自身的不足，还能让别人对你刮目相看。凡是能用最高境界的幽默——自嘲作为武器者，都堪称人际交往场上的"无冕之王"，怎能不受人欢迎和尊敬呢？

第十四章

富于幽默：一开口就赢得别人的好感

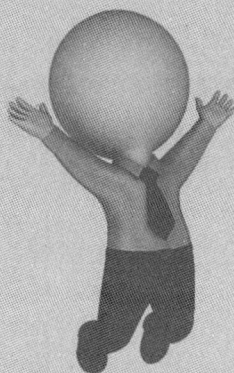

理由不歪，笑话不来

一次同学聚会，大家坐在一起闲聊。聊到中途，小宋突然说要另外几个人的电话号码。大家都感到莫名其妙，睁大眼睛看着小宋，问："你不是都有大家的手机号码，干嘛又要我们的号码啊？"

这时的小宋一脸苦恼，说："刚买了个新手机，就被小偷偷走了，上面的电话号码一个都没有留下来。"

当时的气氛大家都有点儿尴尬。

大家欷歔一阵后，都亲切地说："丢了个手机嘛，还以为你把什么给丢了呢？"于是，大家纷纷报出自己的手机号码。细心的小张看到气氛还是没有刚才那么好，眼睛一转，呵呵地笑道："丢了手机就丢了号码，那丢了号码不是把上面的所有人都给丢尽了吗？"

"把人丢了啊""丢人啊"……

大家边调侃小宋边哈哈大笑，小宋也随着大家一起调侃自己，脸上已经多云转晴了。

最后，大家在一阵欢乐的气氛中散去。

人与人的交往，常常需要一种特殊的语言来消除摩擦、拉近人与人之间的距离，这就像是机器零件之间需要一点油来起润滑作用一样。上面的小故事当中，小张的一席话语就在整个事件中起到了润滑的作用。小张用一句调侃的话，给了一个可以让大家一起欢笑的理由，制造了一种欢乐的氛围，融洽了大家的关系。试想一下，要是没有小张的一句调侃，不知道当时的气氛要尴尬到何时。在关键的时刻，用一句话来给别人解围，给一个让受困者下来的台阶，又可以使大家感到理解，在理解中开怀大笑。这样的话语往往会起到让人意想不到的结果。那么，如何把握这种既让人容易理解，又能在理解中开怀大笑的歪理呢？

1. 充分容身于事件当中

对于一个当事人来说，要充分容身于事件当中，了解事件的起因、过程和可能导致的结果。你不掌握这个事件的起因和过程，在整个事件中你就没有发言权，更没有权力对这个事件进行评判。你在说话之前最好要三思，想想这句话对你的说话人有什么影响，对其他的人有什么坏处，对你自己是否有影响。

只有在充分容身于整个事件当中，你才有站到说话者的位置来考虑这件事的机会，才有站到观众的位置上来考虑整个事件的发展的机会。所以，我们在任何时候说话都要考虑整个事件发生的大背景。

2. 陌生人之间交流保持谨慎

一句调侃的话在朋友之间、在熟悉的人之间可能会显示出你的幽默感来，但是如果面对几个陌生人，你的一句随意调侃可能会降低你在他们心目当中的地位。面对陌生人，大家一般的表现都是比较谨慎的。双方都不了解对方的情况，尤其是有些话涉及了对方的隐私或是痛心之处，往往会使对方陷入尴尬的境地。

3. 把握说话的最佳时机

一个会说话、懂得幽默的人，在说话的时候往往对时机把握得比较准。在一场交流当中，你如果不掌握谈话时机，趁人不注意时你突然冒出一句与谈话主题不相干的话，让人都以为你傻帽呢。在充分了解了谈话者的目的之后，经过三思凝练出一句令人深思又觉得比较幽默的话，这时你的一句话就起到了润滑谈话过程的作用。恰如其分地把你要表达的话发挥在关键时刻，便起到了事半功倍的效果，做这样的乐事何乐而不为呢？

巧用歇后语，俗语蕴含大道理

唐朝的时候，国家康盛、人丁兴旺。到了唐朝后期，在官场上逐渐出现了买官卖官的现象，导致了官场乌烟瘴气。

在一个偏远的小县城，县太爷为了给自己赚点外块，便开始向下面的人卖官。好多有钱人都给县太爷送了银子，很快就被安排到各个岗位上岗去了。有一位书生也想当个小官儿，想尝尝官味儿。他一直和这位县太爷关系很好，所以他也被列入了候选人名单。可是他就是没有钱可送，所以一直待在家里迟迟等不到分配的消息。这个书生心里又急又生气，于是在鞋带上系上一百多个铜钱，桄榔桄榔地去见他的老朋友县太爷。

县太爷见了很奇怪，指着钱就问："你为什么把它系在鞋上呢？"

这个书生回答："俗话说'有钱走遍天下，没钱寸步难行'，我因为寸步难行才把钱系在鞋上的啊！"

好朋友县太爷听了知道是在讽刺他，面红耳赤，心中非常生气，便随便应酬了几下。事后，干脆把那个书生的候选资格也取消了。

上面的故事当中，书生就是运用了"有钱走遍天下，没钱寸步难行"这样的俗语讽刺了县官只认钱不认人的丑行。这也和我们现在社会里所说的"有钱能使鬼推磨"，"钱不是万能的，但是没有钱是所不能的"这样一些俗语基本相像。要看一个人掌握的词汇量的多少，我们可以从与这个人的谈话交流当中得知。那么一个掌握了大量的俗语和歇后语的人，在谈话交流的过程中他可以把这些词汇运用自如吗？非也。那么，在人与人的交流当中我们如何掌握运用好歇后语和俗语呢？

1. 在谈话中学习更多歇后语和俗语

一个富有谈话经验的人会告诉你，在谈话交流中适当运用歇后语和俗语会增加谈话的成功率。与别人谈话交流，本身就是一种学习方法，学习别人好的谈话技巧，学习和不同的人沟通的方式，甚至是要学习别人说话的语言词汇。同一句话在不同的人口中出现，听起来却有不同的味道，这就是需要我们学习的技巧与方法。要想把话说好，就需要大量的词汇来丰富我们的语言，就需要我们不断地学习各种语言和词汇。尤其是掌握了大量的歇后语和俗语，并将它们付诸于谈话交流之中，方能真正显示我们谈话的魅力和风格。

2. 掌握歇后语和俗语背后的故事

有些歇后语和俗语往往含有深刻的意义，在它们逐渐发展演变的过程当中所表达的意义也发生了相应的变化。有时候还需要我们挖掘出这些歇后语和俗语背后的故事，了解它所表达的不同含义，才能真正做到心中有数、胸有成竹。

3. 用好歇后语和俗语将会事半功倍

在谈话交流的过程中，运用歇后语和俗语的目的就是让双方的谈话更加融洽、更加和谐，达到说话者交流的目的即可。在交流中，如果用平白直快的话语与对方谈话，一场谈话结束后，对方感觉像喝了一口白开水一样，索然无味，虽然谈话结束了，可并没有给对方留下什么印象，那不是白费口舌了吗？所以在交流时也要注意语言的润色，这里的润色便是需要我们用歇后语或者俗语来丰富我们的语言词汇了。和别人的谈话要注意自己谈话时的形象，这种形象不仅包括肢体形象，还包括语言形象。好的肢体形象会给对方留下好的第一印象，好的语言形象则能给对方留下永远的心理印象，他甚至在谈话时会提到你的名字，某某说如何如何话便是提高你在人际交往圈整体形象的最好证明了。

运用谐音，一语双关乐趣多

从前有这样一个地主，总是剥削农民的血汗钱肆意挥霍。这个地主有个嗜好就是爱吃鸡。于是在他的土地租赁条例里便多了这样一条潜规则，每一个租种他土地的佃户，在交纳地租的同时还要给他送一只鸡。

有一个佃户王大嘴年终时，去给地主交纳租费，并要租种下一年的土地。他把要给地主的那只鸡装在一个袋子里，地租交完了，谈到下一年的土地使用时，地主见王大嘴两手空空没有鸡，便心中不悦，两眼朝天说："此田不予大嘴种"。王大嘴明白这句话的意思，立刻捉出袋子里的那只鸡。

地主见了鸡，心中大悦，马上改口说："不予大嘴却予谁？"

王大嘴想笑话一下地主，便说："您的话真是变化莫测啊！"

此时的地主笑呵呵地答道："方才那句话是无（鸡）稽之谈，现在这句话才是见（鸡）机而为啊！"

我们的汉语词汇有个特点就是有很多同音字，我们在日常生活中经常会碰到这种同音字。同音字有个优点就是它可以表示谐音，将写法不同的两个同音字相互转化，以表达同样的意思。上面小故事当中的地主就是运用了汉字的谐音，一语双关诙谐地回答了佃户的询问，既给自己解了围，又显示了自己的说话技巧。如果我们在谈话中经常用到谐音，将会有其他词汇不可比拟的作用。在交谈中善于运用谐音或双关语，常常能使谈话起到让人无法想象的效果。在日常的生活当中，我们少不了要用几个双关语来表达自己想要表达而又无法表达的那种感觉语言。那么在交流的过程中我们如何掌握谐音或双关语的运用技巧呢？

1. 掌握谐音也是一门技巧

掌握一门技巧很难，掌握一门实用的技巧更难。说话的技巧包括方方面面，其中谐音或者双关语的使用是其中的一个方面。语言的学习是微妙的，不易察觉的。在与人的谈话中，不知不觉就学会了几种说话的技巧，尤其在和那些谈话高手们交谈或是长期交往之后，我们会为自己的谈话水平大为惊讶。谐音或是双关语在课堂上虽是常见的，但那些都不是常用的。所以要想掌握更多的常用的谐音或是双关语时，就要在与别人尤其是与谈话高手们交流中留心学习、吸收那些词汇，并在以后的交流中经常使用，方能显现出一门谈话技巧的魅力之所在！

2. 双关语用好解难事儿

一次成功的谈话，有时候往往取决于一句话。一句话说好了，说得得当了，就会使谈话双方感到很轻松，自然而然地谈话就很顺利。在遇到有些比较棘手、难于开口的事情时，我们不妨使用一些说话技巧，借助于双关语或是谐音，将难以启齿的事情用很形象的语言转化成另一种事物来表达，和大家找一种共同的都心知肚明的感觉，这样一来你既表达了你的想法，你的对方也理解了你的想法。大家相互一笑，心中便豁然开朗了。

3. 学会站在对面看风景

双方交往谈话也是有着相对性的。要理解对方的心态，学会站在对方的角度考虑整个事件。有的人说话喜欢直来直往，从来都不考虑后果。不论你面对什么样的人，总是有个谈话话题，而这个话题往往会涉及你或者是与你交谈的另一方的一些隐私。如果你在说话时，用了一句双关语或者谐音来代指某一件事情，而你代指的这件事情正好涉及另一方的隐私方面，就会伤害到他，从而也影响你们两个人之间的正常交往。

所以，在自己的位置站惯了，看腻了那边的风景，还需要站到对方的位置去看看这边的风景，充分考虑一下站在对方的位置上，看到同样的风景又会有什么样的感觉。

颠倒逻辑，幽默不喜寻常路

有一个鲜为人知的小故事是这样讲的：

古时候一位老太太有两个女儿，一个女儿开了家卖鞋店，另一个女儿开了家卖伞店。这个老太太为了两个女儿的商店整天哭哭啼啼的。每当天气晴朗时，她就想起了卖伞女儿的伞卖不出去，因此伤心地哭；当天下雨的时候，她又想起了卖鞋女儿的鞋不好卖，所以又是伤心地哭泣。

一天，一位智者路过，看见老太太在门前哭泣，就问老太太为什么哭。老太太将事情一一给智者说明。

智者听了后，微微笑道，说："下雨的时候，你要想你的卖伞女儿的生意多好；天气晴朗的时候，你要想你的卖鞋女儿的鞋卖得好，这样你不是就不会伤心了吗？"

听了智者的一番话，老太太哈哈大笑起来。从此，不管下雨也好，还是天气晴朗也罢，老太太总是乐呵呵的，整天快乐地生活着。

一句话用不同的方法表达出来，就有不同的效果。故事当中的智者，在听了老太太的讲话后，认真分析了整个事件的前后逻辑关系。智者在讲话的时候又略施小计，将原来的逻辑关系的语言重新排列，讲给了老太太，最终使老太太转忧为喜了。从这个小故事当中，我们可以看到，说话时语言的逻辑关系对整个谈话事件的重要性。在成功的谈话交流中，我们怎样才能保证使自己的思维逻辑不发生混乱呢？

1.发散思维使问题考虑得更加周全

在传统的直线思维面前，面对困难时，我们往往会束手无策。遇到这

样的情况，我们利用逆向思维解决问题。逆向思维与我们传统的思维方式不同的是，它是从问题的另一端开始思考或是从问题的另一个侧面思考。这样一来，那些比较难的问题在我们面前都显得不是问题了。而我们仅仅有这两种思维方式去解决问题还远远不够，我们还要用另外一种思维——发散思维——去解决问题。

发散思维使人在解决问题时，能从问题的各个方面去看待问题，从而提出多种解决问题的方法，以达到更加完美的追求。在与人交往时，我们要特别重视用发散思维的方式去思考问题。比如说，公司要与另一个客户公司谈判。在谈判开始前双方都要制定自己的谈判方案，在制定谈判方案的时候就得用发散思维的方式去考虑问题。只有充分考虑了各个方面的问题时，在谈判过程中才能显得胸有成竹、胜券在握。

2. 理顺逻辑是关键

有什么样的思维，就有什么样的语言。人的思维不乱，语言也不会乱的。比如说，那些演讲家在一场精彩的演讲过程中，他们的思维是多么的活跃和镇定，一旦思维出现了混乱，那他的演讲还有那么精彩吗？在我们的正常交往中，也会有这样的感觉，就是当你的思维比较清晰的时候，你所说出来的话都是有条理的、较为清晰的。一旦你紧张时，思维就会一团乱麻，理也理不清楚，说也说不清楚。

当我们面临思维混乱时，自己先要镇定下来，这样才能做到心中有数、有条不紊。面对再困难的问题，我们只要静下心来好好理顺逻辑，分析问题，就能充分地解决问题。

3. 常想常用是方法

逻辑，说明白了也就是问题的前后顺序。只是这种逻辑在一般人来讲，都不好掌握，只有经常从各个方面去思考问题，并用多种方法去解决问题，才能逐步地掌握逻辑。正常的交往当中，只要注意说话时的前言和后语就可以了。通常所说的"前言不搭后语"就是逻辑思维出现了混乱所导致的结果，出现这样的结果往往会让人闹笑话。

在与别人的谈话中，不仅仅要理顺自己说话时的思维逻辑，还要掌握别人说话的逻辑关系，从对方的逻辑语言中提取有价值的信息。这样才能更加显示谈话者不闹笑话的谈话技巧。有时候"前言不搭后语"了，会闹笑话，但是有时候我们就需要这种颠倒逻辑的方法去解决问题。一次恰当的颠倒逻辑，反而会给谈话中的双方增添无穷的风趣。所以，不妨在适当的谈话中，也用颠倒逻辑的方法来风趣一番吧！

即兴调侃，关键时刻抖包袱

马戏表演团里面，表演马术的罗伯特经常喜欢在台上给观众来个即兴表演。一次大型的表演即将开始，这次表演对马戏团来说是非常重要的一次宣传。马戏团的导演在罗伯特表演之前郑重地告诉他："罗伯特，你知道这次演出对我们戏团有多么重要吗？所以我要求你今天不许在台上即兴表演。"

罗伯特心中也知道这次表演对他们整个戏团的重要性，就带着保证的口气答应了导演。

可谁知，难以预料的事情发生了。

罗伯特刚牵着马到舞台的中央，马突然在舞台上当着观众的面撒起了尿。坐在台下的导演远远地把这一切看在眼里，心中很不是滋味儿。

罗伯特不愧为调侃专家，情急之下，他对着马大声说道："上台前你难道没有听到导演说不能在台上撒尿吗？"随即，台下的观众传来一片欢笑声和鼓掌声。

最后，整场表演在观众的一片掌声中结束了。

即兴表演就是一种临场发挥，在当事者不知道的前提下，面对一个突如其来的问题进行"救急"的发挥。即兴表演，有时候会给定你表演的节目，而有时候则需要你的临场想象了。就像案例当中的罗伯特，面对突如其来的马撒尿事件，镇定自若发起即兴调侃以解困。这次调侃并没有给导演带来什么坏处，相反，它却给整个表演带来了高潮，让人们在欢快的气氛中记住了罗伯特也记住了整个马戏团。

在与人交往时，难免会出现尴尬的局面，面对这样的局面有的人往往是难以应付，而有的人却能应对得潇洒自如。这里面就包含了另一种说话技

巧——即兴调侃。在正常的谈话当中，我们怎样调侃才能显示自己说话的风趣呢？

1. 即兴调侃以乐为主

人在长时间谈话时就会出现脑部疲劳，更加明显的表现就是精神不集中，甚至语言出现暂时性紊乱。面对这样的情况，谈话者应稍做休息，但是有时候不能就此而中断谈话，所以就要借助于一定的语言来放松我们的大脑。这种放松，简单地说就是即兴调侃，找个乐子放松一下高度紧张的大脑。比如，现在的大学生都喜欢在课堂上睡觉，而一个负责任的教授在上课时往往就会即兴调侃一下，来活跃死气沉沉的课堂气氛，让那些昏昏欲睡者打起精神来好好听讲。

但是，有时候我们遇到的调侃却是被人挖苦，甚至是陷害。这样的调侃绝不提倡。在人与人之间的交往当中，免不了会出现一些令双方都不愉快的事情，这种情况下的调侃要尽可能地以乐为主，才能达到两全其美的境界。

2. 顾全大局是关键

调侃会不经意地发生于正常的交往中，只是自己没有注意罢了。一次谈话可能是两个人的谈话，也可能是多人的谈话。在不同的场合下谈话，要讲求不同的谈话原则，同样调侃也不能盲目地进行，更不能无止境地进行。即兴调侃的目的是活跃谈话气氛，或是照顾陷入尴尬的受困者。在不同境遇的谈话中，即兴调侃既要做到给受困者解围，又要做到活跃谈话氛围，更重要的是顾全大局，照顾在座的所有谈话者。所以，不管在任何时候谈话调侃，都要牢记顾全大局是关键。

3. 即兴调侃是一门艺术

表演本身就是一门艺术，而即兴调侃更是一门上乘的表演艺术。谈话中，一句恰当的调侃既能显示你超一流的交往能力，又能放射出你与众不同的表演魅力。掌握一门艺术很难，而掌握一门谈话的艺术更难。

即兴调侃，首先，要把握调侃的时机。好朋友、关系很亲密的同志之间随时都可以调侃一下，但要是与陌生人的谈话，就要特别注意调侃的时机了。其次，要充分了解调侃的对象。有些人喜欢开玩笑，而有些人不喜欢开玩笑，往往把别人的调侃当做实话去对待，这样就会造成不必要的心理冲突。最后，即兴调侃时还要分清调侃的场合。一般的谈话场合只要掌握了基本的谈话技巧即可，而对于那些较为正式的谈话场合，有时候不妨也大胆调侃一下，这样会给大家抖掉一些思想包袱，让谈话者轻松上阵。

一语中的，幽默语言要精练

美国前总统罗斯福在大选前到各地进行民意演讲。

一次，罗斯福正在台上兴高采烈地进行着讲演，突然从下面人群当中传来一张纸条。写这张纸条的人不满罗斯福当权，所以他想在罗斯福的演讲上，让他当众出丑。

当罗斯福打开纸条看到纸条上的字时，微微震了一下，他的这一表现已经被细心的观众看在眼里，大家都为罗斯福捏了一把汗。这张纸条上写的是骂罗斯福的话，只有两个字"蠢猪"。

一个懂得幽默的人在任何困难面前都是难不倒的。

罗斯福稍微停顿了一下，笑着对大家说道："刚才的一位先生，给我提意见时忘了写内容，只署了自己的名字！"

写了那张纸条的人听了涨红了脸，不得不佩服罗斯福幽默风趣的说话风格，也为他投了赞成的一票。

幽默对大家来说都不陌生，但并不等于是会讲几个笑话就是幽默了。幽默往往是精练的一句话或者是风趣的一个动作。就如案例当中的总统罗斯福先生，只用了一句精练的话便赢得了民心，取得了民意。有时候一次幽默，往往会给你带来意想不到的效果。所以，不管做什么事情，懂得一点幽默感总是很好的。那么，我们在正常的交往当中，也不妨来一点儿幽默，让自己也风趣一番吧！

1.幽默是慢慢培养出来的

没有一个人天生就会讲笑话，也没有人天生就懂幽默风趣。一种好的说话技巧是可以通过专门的学习直接得来的，而一种好的说话方式只能通过潜移默化的熏陶培养出来。在同朋友聊天的时候，大家就会发现，有的

人说话比较搞笑一点，而有的人则比较沉稳、较为害羞些，怎么也幽默不了，往往不会给人留下什么印象。老师们都有一种共同的感受，那就是在他们心目当中，让他们记忆犹新的往往是那些比较调皮的孩子。就像我们的相声演员或是小品演员一样，要是他们没有幽默风趣的说话方式怎么会被观众所记住呢。在平常的交往当中，只要多注意下那些说话幽默风趣的人的说话方式，适当地学习一下那些名人名嘴的说话技巧，对培养一个人的幽默感还是有所帮助的。

2. 话不在多，贵在精辟

说话是要讲求语言艺术的。有的人从谈话开始就侃侃而谈，到大家的谈话结束了他还"唇唇"欲动没有说完，其实大家根本就没有听他讲话或者是没有兴趣听他讲话。比如，有的领导讲话婆婆妈妈的，从会议一开始就说这说那，会议结束了，与会者竟然不知道今天的会议说了什么；而有的领导讲话则比较艺术，往往是一语中的、切中要害，让与会者听了很清楚该干什么不该干什么。大家都有这样一种经历，与同事朋友聊天，一些寡言沉默者往往会趁大家不注意时讲上一两句话，而正是这一两句金箴玉语，也就是我们通常所说的"很经典"的话，才使得大家一下子轻松快乐了。

"物以稀为贵"，同样的道理，话应该也是以稀为贵。最重要的还是，任何时候的讲话都要切中要害、一语中的，才能使听者感到听得轻松，从而显得你说话精炼，自然而然地大家都对你产生了敬佩之情，我们试着这样说话，何乐而不为呢？

3. 贫嘴也是一种幽默

"贫嘴"的"贫"就是话多、不值钱。与此相似的还有"话痨""话篓子"。这种人口才一般都不错，简单的话，他们能够用复杂的语言来表达，卖弄嘴皮子。其实贫嘴就是耍嘴皮子，常常是褒义词。比如有时女人骂男人贫嘴，就是说他嘴巴甜，尽拣好听的说。当然，在这里的耍嘴皮子可不是油嘴滑舌，油嘴滑舌者一般都是喜欢胡搅蛮缠，以推卸责任为目的，而"贫嘴"只是在关系比较密切者之间进行的一种幽默性的交流方式。

一个懂得幽默的人总是受欢迎的。在我们的日常交流交往当中，一个有幽默感的人总是能给大家带来轻松、带去欢乐、带去和谐的！

第十五章

会说软话：让他人开怀自己又不失颜面

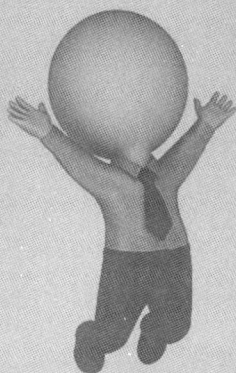

学会服软，把握"软硬"程度

小林毕业后进入一家小公司实习，经理为了考验小林的实际工作能力，就让他做一份策划。当小林做好企划拿去给经理看时，经理却只是摇摇头说了一句："再改改吧。"小林当时很纳闷，可又不好意思再多问就走出了经理办公室，刚一出门就碰到了这家公司的元老级人物——谢主管。

谢主管笑着问："小林，是不是策划没有被通过呀，要不要我帮帮你。"小林没好气地来了一句："就你，还是算了吧！"就头也不回地走了，此后好几次小林把改好的策划拿去给经理看，但都被经理否决了，小林越发感觉郁闷，这时候他想到了谢主管。

小林来到谢主管的办公室门口，犹豫了半天，还是敲了门。进去后，谢主管一看是小林，就冷冰冰地说了一句："林大学士，找我有何贵干呀？"小林一听，心想现在自己有事求人家，怎么也得说点软话吧。

于是小林就笑着说："谢主管，您看您现在也是我们公司的老前辈了，在策划这方面又是把好手，您就帮我看看我的这几份策划案吧，帮我指点指点迷津。"谢主管听完后不屑地笑了笑，说："你可是名牌大学的毕业生呀，像我们这种没什么学历背景的怎么能和你比呀，更别提指点了，不敢当呀！"小林听后心里很不是滋味，但停了一会还是开口说："谢主管，我知道您虽然学历不是很高，但在实践这方面您可要比我们这些刚出茅庐的傻小子强很多呀，您老人家就帮帮我呗，您现在就是我师傅，师傅在上，请受徒儿一拜！"说着小林还深深地向谢主管鞠了一躬。

不论是在职场还是在生活中我们都要学会服软，学会说软话。这个世界很大，所谓天外有天，人外有人，不要觉得自己拿了名牌大学的文凭就可以只身闯天下，永远不要忘了知识来源于实践，那些书本上的知识也需要在实践中不断地得到完善，遇到自己不能独自完成的工作时要学会向资深人士请教。但是在请教中也要注重方法，说服软的话是必需的，可是也要把握尺度，不然服软的请教就会变成是献媚。那在现实生活中，我们在说服软的话时应该注意些什么呢？

1. 要分清场合

说话一定要分清场合，尤其是说服软的话。不同的场合相同的话也会带来不同的寓意，如果你的能力确实不如别人，这件工作你确实胜任不了，你需要他的帮助，这时候你就需要服软，也许他的学历没有你高，但他的能力比你强，这时候你就要说："前辈，你的资历比我深，工作能力比我强，你给我指导指导！"可是如果这句话不是在办公场合说的，而是在娱乐场所，或是宴会上，就会让人觉得你是在讽刺，是在挖苦。

所以，说对服软的话也一定要分清场合，不要你自己觉得是在向别人讨教，而在别人看来却是在讽刺挖苦。

2. 要摆正心态

不要觉得向别人说一些服软的话就是在降低自己，所以在说服软的话时一定要摆正自己的心态。

现在的职场越来越多地被年轻人占据，刚刚毕业的大学生初次进入职场总想着大展宏图，觉得自己是大学本科学历，眼里容不下那些没有什么学历只会埋头苦干的人，就因为这些，所以很多刚步入职场的大学生就觉得向那些没有什么学历的公司同事说服软的话是在降低自己。

事实上并非如此，学会说服软的话也是一种能力，只要你自己摆正心态，服软反而会让你受益匪浅！

3. 要注重口吻

我们都知道，不同的话用不同的口吻说出来，就会有不同的寓意。在当今职场上大家都处在相同的竞争环境中，每个人都是敏感而脆弱的，所以我们在向别人说服软的话时一定要注意自己的说话口气。如果你需要一位一直都不如你的人的帮助的时候，你就要用请求的口吻说："你可以帮帮我吗？"如果你在说这句话的时候用的是一种冷冰冰的口气，那那个人会觉得你是在命令他，而不是在征求他的同意。

所以，不论是在生活中还是在职场上，在说服软的话时一定要注意自己的口吻，不要因为自己小小的疏忽而错失机会！

稳住情绪，心急吃不了热豆腐

小王是一家外贸公司的广告策划，一天老板给了他一份广告提案，要他做一份报表，而且特别交代他这件事情只有他们两个人知道。小王上网查资料熬了好几个通宵才把报表完成，过了几天当他把报表送去给老板的时候却发现老板的桌上放着一份相同的报表，小王很纳闷，可是又不好意思直接问老板，所以把报表放下他就从办公室出来了。

这件事他越想越觉得奇怪，他很想弄明白到底是怎么一回事。可他又不好意思直接去问老板，所以他就想到了老板的助理——张小姐，想到这小王就匆匆去了张助理的办公室，他一进门就对张助理说："张姐，老板不是就让我一个人做那份报表吗，怎么我今天去送报表的时候，老板桌子上也放着一份和我的一模一样的报表呀？"张助理抬起头愣了愣，然后冷冷地说了一句："你问我，我问谁呀！"小王又脱口而出："你怎么会不知道，这些不都是你一直在整理吗？"张助理听后白了小王一眼说："我说不知道就不知道！"小王看张助理好像生气了，也就不好意思再追问什么了。

其实生活中像这样的事情很多，也许张助理知道事情的原委，可是被小王那样心急地逼问，是谁都没有心情再告诉他事情的真相。不管是在生活中还是在工作中，当我们遇到问题要向别人询问时，一定要沉稳，所谓"心急吃不了热豆腐"。如果你在询问时一味地强调自己的来意，而忽略了对方的感受，那你又怎么会得到自己想要的结果呢！不论是请求别人帮助还是咨询别人问题，一定要注重自己的语气，注意自己的思维，不要把别人逼到死角！自己要把握住自己的情绪，那么在实际操作中，我们又应该怎样对待"心急吃不了热豆腐"呢？

1.遇事要沉得住气

生活中有很多挫折与失败，不要每次面对这些的时候就暴躁、冲动、埋怨。同样在职场上，要询问别人问题或需要别人帮助的时候，说话一定要讲究方式方法，如果你需要别人帮你弄清楚某些事情，你可以这样说："请问，您知不知道×××是怎么一回事呀？"如果你一旦收到坏消息就急匆匆地跑去对那个人说："这件事情一直是你在操办，这到底是怎么回事？"这样的口吻和语气别说是人，就算是神仙听到后也会生气吧。所以遇到事情的时候一定要先沉住气，多思考思考该怎么说，多想想怎样说对方更容易接受一些。

有时候你越是沉不住气，就越容易暴躁，越容易冲动，最后也就会发生"心急吃不了热豆腐"的闹剧。

2.站在对方立场考虑问题

我们每个人都是感性动物，尤其在碰到一些涉及自己利益的时候，人人都会想到自己，尤其是现在十八九岁的年轻人，血气方刚，自我意识也更强。所以在生活中遇到问题需要别人帮助的时候总是从自我意识出发，询问别人的时候一张口就是"你怎么会不知道""你怎么能不知道"，这就是现在年轻人的真实写照，而他们恰恰忽略了对话和询问是两个人的事，不是自我模拟。

所以在对话的时候就会出现事与愿违的情形，自己越是想急切地知道结果，说话时就越是突出自我，而忽略别人的感受。在实践生活中沟通需要技术，在你和别人对话的时候多想想别人，多站在别人的立场上考虑考虑，用一种对方能够接受的方式来沟通，就一定会事半功倍！

3.学会释怀和放弃

每个人都不是万能的，不管是年轻人还是老人，他们都有自己的弱点和缺陷，说话说得好则可以"取其长补其短"。我们每个人都需要别人的帮助、理解与支持，所以不管是帮助别人还是被别人帮助都要学会释怀和放弃，在你询问别人的时候，别人没有给你你想要的答案，那也许是他真的不知道，不要对此耿耿于怀，要学会释怀。在公司，你需要别人的帮

助，当你去请求他的时候，你连续问了好几个"可不可以？"，而对方都只是摇头，这时候你不要再一味地追问"为什么？"，每个人都有自己的意愿，不是谁都会满足你的利益，在这种时候如果你紧咬着不放，反而会让对方觉得厌烦，"心急吃不了热豆腐"。

在适当的时候学会放弃，在合适的时候学会释怀，既是一门技术也是一种能力，不要对那些拒绝你的人一遍又一遍地逼问，那样只会事与愿违。

以情动人，以理服人

小张今年刚刚20岁，可是在他身上却发生了很多悲惨的故事。小张15岁的时候正在上初三，他的父亲在工地上不小心被掉下来的水泥板砸伤了腿，从此小张家的顶梁柱倒了，家里再也没有能力供他上学，他不得不辍学回家。

从学校回来后，小张就开始帮别人干一些零活，再加上小张妈妈帮别人缝补衣服，家里也勉强可以度日，就这样过了五六年，小张也长成了大小伙，能帮家里挣更多的钱了。可是天公不作美，小张的妈妈被检查出患了白血病，一下子整个家又被笼罩在了悲伤和绝望中。这时候小张听说经他爸爸曾干活的工地的老板现在发了大财，于是小张就想去找找这位老板，希望他能看在父亲为他干了那么多年活的份上帮帮他们。

小张找到那位老板的住处，可是不管小张怎么说老板都说不认识他，无奈之下，小张拿出了老板曾经送给他父亲的一条毛巾，然后对老板说："您还记得，您刚开始包工程的时候，找不到助手，别人不是偷工减料就是虚报账目，无奈之下您来请求我爸出山帮您，当时我爸毫不犹豫地就答应了，我爸说因为你们是好朋友，好兄弟，后来我爸帮您跑材料算账目，现在您生意做大了，而我爸也因为您……"那位老板打断了小张的话，小张抬头发现他已经泪流满面。

现在的生活节奏越来越快，人们追逐更多的是金钱名利，而感情却越来越被人们所淡忘。不管是在生活中还是在职场上，也不论是你帮助别人还是别人帮助你，都需要一种合适的方法来打动对方。所以我们要把被人们遗忘的那份真情找回来，动之以情，晓之以理，只有这样才能使我们在向别人请求帮助的时候获得可喜的结果。那么，在对别人动之以情，晓之以理的过程中，又应该注意些什么呢？

1.学会尊重对方

每个人从青年到老年都会有很多很多的故事，有些故事也许对于他来说是美好的，但有些故事也可能是他这一辈子都不愿再提起的记忆，那属于他的隐私，他不想也不愿意被别人一次又一次撕开那些尘封已久的伤疤。所以在我们请求别人帮助的时候，要想用真情打动别人的话，一定要记得不要去揭别人的伤疤。

所以在对别人有所求时，也要记得学会尊重对方，不要去揭对方的短，只有这样才能真正收到动之以情，晓之以理的良好效果。

2.适度而为之

不管是真情还是假话，都要有一定的度，超出了这个度的范围，一切也就违背了最初的意义。感情是个很微妙的东西，它更需要把握一个度，在你想用真情来打动对方，请求别人帮助的时候，不要一味地诉说你们之间的点点滴滴，大到你为他赴汤蹈火，小到你为他做饭洗衣，其实这种"诉真情"不是真的诉真情，反而让对方觉得你是在邀功，这样也就歪曲了你原来的本意。

在用真情打动对方的时候，要学会适可而止，让对方有机会喘息，交流是互动的，双方都需要思考，你在诉说的时候也要给对方留下思考的时间，这样才能真正打动对方，也才会真正实现动之以情，晓之以理的目的。

3.用真情

有很多人喜欢利用别人的弱点来达到自己的目的，而恰好很多人最致命的弱点就是太重感情。所以有些人就在请求别人帮助的时候，胡乱地编造一些故事来博取别人的同情。像有些人为了向别人借钱，就说自己家里多么多么的贫寒，父母病重得有多么的厉害，弟弟妹妹辍学等等一系列事

情来欺骗对方，这种方式是不可取的，只有真情才能真正打动对方，用那些编造的谎言换来的只会是昙花一现的泡沫。

所以在对别人动之以情，晓之以理的时候一定要记得用真感情，只有真实的东西才是最能打动人心的。

说服他人，从共同利益出发

蔺相如是春秋时期赵国的臣子，在诸子百家战火争锋的过程中蔺相如为赵王争足了面子，赵王为了答谢蔺相如的丰功伟业便让他当了赵国的相国。

这使得赵国的大将廉颇看不过去了，他认为蔺相如单凭一只三寸不烂之舌就超越了自己，很是不服气，决定要找机会让蔺相如难堪一回。

蔺相如知道廉颇的想法后就开始处处躲着廉颇，甚至在街上相遇了都赶紧绕道走开。蔺相如这样的处事态度让底下的人觉得非常奇怪，就想给蔺相如争回自尊。于是就直接向蔺相如问道："相爷，咱们怕他作甚，我们打不过他吗？大不了一拍两散，谁怕谁啊！"

蔺相如这时说了一番感动天下所有君王的话："我蔺相如怎是个怕事的人，可你们想啊，赵国就靠着我和廉颇撑着大局，我们俩闹翻了，其他的国家还不趁机灭了我们。为了国家，我忍了。"

不久，廉颇知道了这件事，感到羞愧难当，就光着膀子，带上荆条去给蔺相如请罪，说道："我心胸狭隘，请相国责罚我吧。今后我唯您的令是从，别国胆敢来我们赵国闹事，我就和他们拼了。"蔺相如赶紧把他扶起，二人从此成了莫逆之交。

在所有的利益面前，集体利益首当其冲。因为集体没有了，个体也将不复存在。所以我们在处理个人利益与集体利益之时，要特别看重集体利益，从大局出发，就会赢得大家的一致赞同。蔺相如是个交际的能手，他善于与人为善，通过他的行动改变别人与他为恶的立场，获得了极大的成功。正是因为蔺相如那种舍小家而为大家的大局思想，才能赢得像廉颇这样的大将的拥护。

在我们的身边整天发生着许多和利益有关的事情，有的人就是看重个人利益，其结果才导致了大家一起受损。在集体思想的影响下，一个没有集体没有大局的为我主义者是很恐怖的。那么，我们在与人交往时怎样才能做到从共同利益的角度说服对方呢？

1. 找准切入点适时说服

在经济社会高度发达的今天，若以诱人的经济利益为代价，那些见钱眼开的人就会做出只认钱而不认人的缺德事情了。在与这样的人交谈时，我们首先要了解一下他的性格以及他的一些缺点，爱钱既是他的性格又是他的一个致命的缺点，所以我们可以从他爱钱这一缺点去进行攻击说服。

比如，我们在谈判时遇到一位爱钱的老板，在利益面前总是谈不定，这时我们不妨试着从公司的长远利益出发，或者以社会慈善事业为契机去说服他，促使双方的谈判成功敲定。

2. 利用大家这个共同体来给对方施压

大家是一个共同的载体，是一个监督的舆论体系。为了各自的利益，我们在谈判时不妨借助大家的手，利用大家共同的力量去给谈判对方施加点压力，让他在大家共同的眼皮底下为大家妥协，让他在压力之下学会做人。

所谓会做人是指会站在大家的立场来考虑，既考虑大家的工作，也要为他们争取利益，并且实际关心他们的生活。

3. 选择合适的时机

利益是合作的基础，每个人在和别人合作或是寻求别人帮助的时候，都会找彼此之间的共同利益，以此来实现自己的目的。而在这一过程中时机的选择也十分重要，要注意避免选择在干扰较多的氛围中进行说服，要避免选择被说服对象情绪反常（如极度兴奋或沮丧）的时候进行说服或寻求帮助。心理学研究表明人在心情舒畅、精神状态良好的时候容易接受别人的意见，所以，站在大家共同利益的角度来说服别人或是请求帮助的时候一定要选择合适的时机，不要因为对方情绪不对或是时机不合适而失去合作的良好可能性。

无论你在什么时候做事，只要有求于人或者别人有求于你时，与人交谈或者是谈判，你都要记着从大局出发，站在大家共同的利益下为大家着想，你才不会因为势单力薄而害怕失败，因为大家永远是你的力量之源。

把握时机，顺水推舟

王华英是大学的一名政治老师，所以有时候她的课堂上也充满着一些时政热点。她的教学幽默风趣、讲解独到，常常使其他班的学生放弃上专业课，而偷偷地来听她的政治课。

一次，王老师走进教室准备讲课时，看到学生正在为昨晚的女排比赛议论纷纷。

面对这不在备课范畴的情况，王老师并没有命令学生们停止议论，而是兴致勃勃地加入了讨论，谈起了自己的感想。两三分钟后同学们都静下心来听老师独到的讲解时，她却巧妙地将话锋一转："中国女排的胜利为中国人争得了荣誉，它证明了中国人的伟大，但是中国在科学、经济上还很落后，被人瞧不起。我们也要有中国女排的这种拼搏精神，在科学和经济建设方面都要努力，迎头赶上欧美国家。因此从现在开始，我们就得好好抓紧每一次学习机会，认真学习每一堂课。"

王老师真的不愧为一名大学的政治老师，她凭借多年的教学经验顺水推舟，顺着学生们强烈的爱国热情一推，顺势就当前中国的实际情况进行讲解，再将学生们的热情与现实绑定在一叶舟上，不仅很快恢复了课堂教学秩序，还借中国女排的胜利激励学生努力学习，起到了很好的教学效果。时机不是随时随地等待我们去掌握，而是在我们不经意间就会出现的。所以我们要把握时机，不能让它从我们身边轻而易举地失去。那么面对稍纵即逝的时机我们怎么样去把握它，又怎么样去利用它？

1.时机不是自己创造的

时机不同于机会，是可遇而不可求的。面对一件事情的时候，对于机会我们经常这样说，不管有没有机会都要做，有机会就把握住每一次机会，没有机会我们就创造机会去做。比如，两个人之间谈恋爱，整天都忙于工作没有机会见面，于是就需要创造机会去约会见面，男生就会寻找出去送一份文件的机会，去见一下女朋友。

然而，时机就像缘分一样。不是没有见面的机会，而是两个人的缘分没到。面对那种可遇而不可求的时机，我们能做的只是等待。

2. 瞬时把握时机，顺势才能解围

"机不可失，时不再来"，说的就是在时机面前要我们把握时机，一旦失去了便不再有了。时机的出现是瞬时性的，只有把握住了这样的瞬时时机，才能为我所用。就像案例当中的王老师眼前的大好时机一样，这样的时机仅可能就这一回出现。王老师如果不利用这次天赐的良机，而是运用命令式的语言进行表达，虽然也可达到使学生们停止议论、保持课堂安静的目的，但她是无法让学生的思维从女排比赛中走出来，在校园里也就得不到对她的美誉了。

生活中那些瞬时出现的时机太多了，要看我们怎么把握，把握住时机，然后利用时机给自己解围，给自己铺垫下台或者是进一步升迁的台阶。只有在一瞬间把握了时机，才能顺势利用这次时机来为我所用。

3. 顺势即兴表演为自己获得成功

面对那些意想不到出现的时机，既让我们感到意外和紧张，又让我们恐惧和惊喜。在职场上，有时候一个突如其来的时机出现在你面前，要是你觉得紧张而没有好好把握这次绝好的时机，你就会因此而永远得不到升迁。你一旦抓住了这样绝好的机会，再来一个借题发挥，即兴表演一番，进而顺势夺取胜利，这样反而能显示出你的机智和聪慧来。在你看来只是小事一桩，但也许就是你那小事一桩的借题发挥和即兴表演就会被领导所看中，那么你离成功的道路就已经不远了。

因此，生活中我们一旦碰到那些突发事件，它或许就是你一步登天的大好时机，你只有巧借其势，用巧妙的语言形式，自然地加以即兴表演，才能达到扭转局势的目的。

第十六章

适当沉默：动中有静的说话技巧

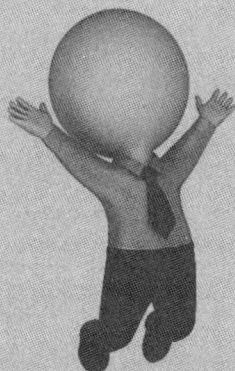

沉默是一种神奇的力量

语言是我们表达个人思想最重要的方式，每个人都希望通过完美的口才展示一个不一样的自我，给别人留下深刻的印象。但是，有时候滔滔不绝喋喋不休的表达，会让别人患上审美疲劳，哪怕你讲的话如何动听，如何有道理，却没有人有兴趣继续去听你的长篇大论。那么，在这个时候，就应该适当地选择沉默的方式，用寂静来调节一下气氛，缓解一下别人的情绪，那么，在你的沉默之后，就会出现你意想不到的效果。

高正是一家空调公司的客服人员。有一天，公司里收到了一个客户的投诉信，这封信的措辞十分严厉，字里行间都充满了对该公司产品的不满。为了避免发生不利的影响，公司决定派高正到这个客户的家里调查一下情况，做出正确的处理。

高正按响了那个客户的门铃。当那位客户听说他是空调公司的员工的时候，表现出了极大的愤怒，对他们公司的产品提出了强烈的质疑，并且扬言说，如果不能妥善解决，就要去消费者协会进行投诉。高正经过详细的了解之后，发现这些问题是由客户的使用不当所造成的，和公司没有一点关系。但是他心里想："我来的目的不是和客人吵架的，而是来解决问题的。"于是，就在客户大发牢骚的时候，高正静静地坐在那里，一言不发。等那位客户发泄完怒火之后，他才详细地向对方解释了一下原因，并且提出了可以实施的调解方案。

那个客户听到了高正的解释和建议之后，就拍着他的肩膀说："年轻人，你说的话虽然不错，不过我还是比较痛恨那个混蛋空调公司。"看到客户的怒气未消，高正再次选择了沉默的态度。后来那位客户又说道："不过，看在你的面子上，我以后再也不会写投诉信给你们公司了。"高正听后，如释重负。

后来，那个客户果然很守信，再也没有写信到空调公司去。

生活中有很多事情，并不是依靠分辨是非就能妥善解决的。假如你一上来就指责别人的错误，那么就会很容易激起对方的逆反心理，最终也将不利于问题的解决。因为，当你向对方指出错误的时候，声音中就带有强烈的火药味，脸上也会不可避免地带有一些敌视的神情，对方在逆反心理下就会表现得比较急躁和愤怒，很可能会做出一些更出格的选择，最终必将导致事情出现僵持的局面。

俗话说"大音希声"，一个人发出的声音越大，就越显示出内心的不自信和恐惧。在生活中，许多人希望通过高分贝的声音来证明自己的观点存在的合理性，而事实上，却不过是在掩饰自卑和恐惧而已，大声说话只会有一种欲盖弥彰的负面影响。而采取沉默态度的人，才是智慧和神秘力量的拥有者，同时，也是一个心胸宽广者。

有一次，一个不速之客冲进了洛克菲勒的办公室，用拳头狠狠地捶着他的办公桌，大声地咆哮道："洛克菲勒，我恨你！我有绝对的理由恨你！"接着，这位怒气冲冲的客人对洛克菲勒开始了长达十分钟的恣意谩骂。办公室的职工对这个没有礼貌的人表现出了很大的愤慨，恨不得把他扔出门去。然而洛克菲勒却表现得非常平静，他放下手中的笔，静静地看着那一位攻击者，态度表现得非常友善。

那个无礼之徒咆哮谩骂了很长时间，却发现洛克菲勒并没有一点儿生气的样子，顿时就像泄了气的皮球一样，没有了精神，声音也在不知不觉间慢慢地低了下去。本来，他做好了和洛克菲勒进行一场激烈的争辩甚至是决斗的准备，但是洛克菲勒并没有去反驳他的话，也没有去指责他的无理，遭不到反击的他感觉自己成了独角戏演员，那种怒气也就没有理由再坚持下去，只好灰溜溜地走了。

这位不速之客在走之前有些不甘心地又在洛克菲勒的桌子上重重地敲了几下，但是仍然没有得到任何的回应，只好叹了一口气走出门去。洛克菲勒在他走后，好像什么事都没有发生一样，重新拿起笔，开始了他的工作。

面对无礼的攻击者，采取沉默的方式来对待，并不是逆来顺受，而是

最严厉的迎头痛击。沉默是一个成功者取得胜利的重要因素之一，他表现了一个人沉着与冷静的心理素质。

沉默并不是一些人眼里的理屈词穷狼狈不堪，相反地，沉默显示的是一个人的品格和人生境界。在生活之中，会有无尽的烦恼干扰着自己，有些人的误解甚至是讥讽和嘲笑都会让我们无法得到安宁。那么，在这种时候，你没有必要歇斯底里地去和别人进行激烈的争辩，更没有必要大声地去解释你的无辜。不如适当地采取沉默的方式，这样就会让自己摆脱一些外界的干扰和内心的烦恼。

临危不乱，此时无声胜有声

在生活中，我们经常会遇到一些不顺心的事情，比如自己的正确意见不被别人接受，个人的做事方式难以取得别人的理解，等等，这些不愉快往往会把我们推进十分尴尬窘迫的环境中去。每当碰到这种情形的时候，有不少的人会沉不住气，要么为自己的意见和建议进行大声的争辩，要么指责别人的迂腐或者是别有用心的破坏。当一个人采取这种方式的时候，就会显示出手忙脚乱、情绪失控，那样的话只能让事情更加恶化，却不能让问题得到最终的解决。既然这样只能给别人留下笑柄，我们倒不如改用沉默的态度来对待它。当你采用沉默的态度时，就能够显示出你的不在乎和不介意，也就能够在气势上征服对方。我们应该知道，只有缺乏实力没有信心的人才会十分看重别人的脸色和评论，而真正的强者，是不会介意任何外在因素的。

赵普是北宋时期著名的政治家，是宋太祖和宋太宗时期的宰相。他在做宰相期间，经常向皇帝推荐有才能的人担任官职。

有一次，赵普向宋太祖推荐一名有能力的官员，但是太祖并没有采纳他的建议。赵普却并没有知难而退，第二天上朝的时候又将举荐的奏折递了上去，宋太祖依然没有答应。

赵普仍然没有放弃，在第三天的时候又把举荐奏折递了上去。太祖看到他连续三天都上同样的折子，感到十分愤怒，怒气冲冲地把奏折撕了个粉碎。咆哮着说："你只是一名宰相，并不是皇帝，要不这大宋的江山交给你来管算啦！"满朝文武听了，都为赵普捏了一把汗，而赵普却并没有表现出丝毫的慌乱，也没有进行辩解，只是默默无言地把那些撕碎的纸片一一捡起来，回到家里仔细地粘好。到了第四天上朝的时候，将粘好的奏折恭恭敬敬地递到龙案上，静静地等待太祖的批复。

太祖知道拗不过他，只好长叹一声，准了他的折子。

事后，太祖就问赵普说："如果我当时还是不批准你的折子，你会怎么办呢？"

赵普回答说："如果您不批准的话，我还是会上奏这件事的。"

太祖笑问："难道你就不怕我杀了你吗？"

赵普说："陛下一再强调任人唯贤，臣是按您的旨意办事，自然问心无愧。何况，陛下是尧舜之君，并非残暴好杀之人，故而臣也没有任何害怕的地方。"

太祖听了，不由得大笑起来，又对赵普的忠心耿耿进行了一番夸奖。

古希腊有一句民谚说："聪明的人，借助经验说话；而更聪明的人，根据经验不说话。"赵普就是那一个更聪明的人。在宋太祖的盛怒之下，他如果旁征博引、引经据典地讲一些大道理，就可能得不到圆满的结局。沉默是一种品格，沉默也是一种境界，沉默使人获得力量，沉默的人生是智慧的人生，沉默的境界是有力量的境界。

有些人在交际生活中，无法接受口舌上的失利，总要做出拍案而起的动作，这样或许能显示出一个人的血性，但更多的却是不成熟和好冲动的心理特征。这样的做派，或许能在争论中占上风，但却赢得了辩论，失去了风度，最终必将是得不偿失。

在工作和生活中的一些交际场合里，面对尴尬和窘迫以及慌乱的场景，如果我们做不到泰山崩于前而色不变的境界，那么就不妨克制一下自己，做到以下三点：

1. 不失礼

交际场合是最注重礼节的地方，哪怕处在盛怒之中，也要保持一定的礼节，以表现出你的修养和心胸。比如，当别人在你面前说些刺耳的话

时，你不能因为怒火中烧而对别人恶言相加，更不能有抱以老拳的粗鲁行为。这时，最佳的选择是沉默和冷静，如果做不到这一点的话，可以运用口才的技巧进行得体的反驳和纠正，只有这样才会消除别人对你的误解或者捉弄。如果用失礼的行为去对待的话，只会起到越描越黑的负面效果。

2. 不失态

当一些不如意的事情出现在你身边的时候，从很大程度上来说，这也是一次见证你人生态度和处事修养的机会。言语上的不合或者事业上的不顺心给一个人的内心带来波动是很正常的现象，面部表情发生相应的变化也在情理之中。不过，凡事都需要讲究一个度，应该学会控制自己的情绪，不能让面部表情处于阴晴不定的状态，努力做到喜怒不形于色。如果面部表情超出了一定的范围，那么，就是失态的表现，一个人的失态，就表明了感情冲动难以控制，更表明了一个人思想上的不成熟。失态之后做出的种种举动，在别人看来，是十分幼稚和荒唐的，经常处于感情失控状态下的人，在交际场合中也就很难受到别人的欢迎。

3. 不失言

失言和失态是因果的关系。人很容易在失态的张狂下口不择言，对别人恶言相加，从而造成严重的后果。人们常说"口舌如利剑"，一些不合时宜的言语很容易伤害到别人的感情，更会给自己带来无尽的麻烦。因此，在尴尬窘迫的处境中，你应该控制自己的情绪，哪怕有任何正当的理由，也要在停顿一分钟之后再说出你要说的话，只有这样，才不会"祸从口出"，给自己惹下麻烦。

成竹在胸，才能处变不惊

处惊不变、临危不乱是一个成功者的必备素质。一个成熟的人绝不会因为一些外部环境的变化而显得惊慌失措，他们能够让自己保持镇静，然后经过快速的思考之后做出决断，进而采取正确的行动去改变不利的客观现实。

俗话说："仓中有粮，心里不慌。"每个人都渴望在纷杂的外相之中认识事物的本质，做出正确的推算，让自己的谈吐做到一语惊人、一语中的，但是这种本领却并不是来自先天的遗传，而是来自后天的锻炼。这种"君子不言，言必有中"的口才是以足够的个人修养和文化底蕴作为基础的。如果你要想成为这方面的人才，就不妨从提高个人的素养，开发个人的潜能入手，做一个胸有成竹的谈话者。

如何让自己"仓中有粮"，做一个成竹在胸的谈话者呢，以下几条可以作为参考意见：

1. 广泛阅读

古人有言"家事国事天下事，事事关心"，那么要想成为一个关心天下事的人，就要进行广泛地阅读。从报纸、杂志、书本上了解社会动态，国家大事，通过对这些动态和变化的了解和思考，来提升你的分析能力和辨别能力。

在日常生活中，我们每天都要和报纸、杂志、书本打交道，那么在阅读的时候，最好养成做笔记的习惯，在阅读的时候，准备一支笔和一个笔记本，把一些好的句子和观点记下来，哪怕是每天只记上一两句，随着时间的推移，就会积土成山，你的文化修养也就有了显著的提高。文化修养得到提升之后，看问题就能更深刻，就能够通过现象认识本质，从而在谈论一些问题的时候也就避免了盲目和肤浅。

2. 积累名言警句

名言警句虽然字数比较少，却能很精炼地指出一些东西，表明一个道理。短小的名言警句是前人们在经过深深的思考之后提炼出的精华，我们不能因为它的篇幅较小而去忽视它。在听别人说话或者是看书的时候，多注意积累一下这方面的知识，久而久之，你的谈话题材和资料就会越来越多，分析能力也会越来越强，口才也就会越来越成熟。

3. 关注日常生活，勤于思考，提高判断力

生活是一本读不完的书，也是一切知识和思想的根源。因此，在平常的生活中，你要注重对生活的观察和思考，身边的事情无论大小，都要进行有目的的关注，这样才能吸取自己所需要的东西。在和别人谈话的时候，不要停留在客气的层面上，要注重倾听，因为，每个人都有自己的闪光点，通过别人的谈话，你也可以学到很多个人需要的东西。只有注意对

生活的观察和思考，才能有更好的知识积累，培养你在言谈之中所表现出的分析能力和辨别能力。所谓"厚积薄发"，正是这个道理。

言多语失，巧妙补救的四个技巧

"人有失足，马有失蹄"。在交际过程中，无论凡人名人，都免不了发生言语失误。虽然其中原因有别，但它造成的后果却是相似的，或贻笑大方，或纠纷四起，有时甚至不堪收场。

经验不足的人碰到这种情况，往往懊恼不已，心慌意乱，越发紧张，接下去的表现更为糟糕。如果我们能来个将错就错，借题发挥，把错话说"圆"，则可以轻松地摆脱窘境。言多语失时，最重要的就是要镇定自若、处变不惊，飞速地转动大脑思考弥补口误的方法。

在实际生活中，遇到失言的情况，有四个补救的小技巧可供参考：

1. 改义法

在错话出口之后，能巧妙地将错话续接下去，最后达到纠错的目的。其高妙之处在于，能够不动声色地改变说话的情境，使听者不由自主地转移原先的思路，不自觉地顺着自己的思维走，随着自己的语言表达而产生情感波动。

在一次婚宴上，来宾争着向新人祝福。有一位女士激动地说道："走过了恋爱的季节，就步入了婚姻的漫漫旅途，你们现在就好比是一对旧机车……"其实她本想说"新机车"，却一时口误，霎时举座哗然。这对新人的不满更是溢于言表，因为他们都是各自离异，历尽波折才成眷属的，自然以为刚才之语隐含讥讽。那位女士发觉言语出错，连忙住口。她的本来意思是要将一对新人比作新机车，希望他们能够少些摩擦，多些谅解。但语既出口，若硬改过来，反而不美。她马上镇定下来，不慌不忙地补充了一句："你们现在就好比是一对旧机车装上了新的发动机。"此言一出，举座称妙。继而，她又深情地说道："愿你们以甜美的爱情为润滑油，开足马力，朝着幸福美满的生活飞奔吧！"餐厅顿时掌声雷动。

2. 引申法

迅速将错误言辞引开，避免在错中纠缠。比如可以接着那句话之后说："我刚才那句话还应作如下补充……"然后根据当时的情境，做出相应的发挥，这样就可将错话抹掉。

一次，上海东方电视台著名节目主持人袁鸣应邀到海口市主持"狮子楼京剧团"建团庆典。由于去得匆忙，一上场，袁鸣就闹了个口误："现在我荣幸地向大家介绍光临狮子楼京剧建团庆典的各位来宾……今天参加庆典的有……海南师范学院党委书记南新燕小姐。"这时，台下缓缓站起一位白发苍苍的老教授！咦，小姐变成了老翁！全场沉寂之后是一片哄笑……

可袁鸣自有妙招："对不起，我这是望文生义了——不过，南教授的名字实在是太有诗意了。一见到南新燕三个字，我立刻想起两句诗：'旧时王谢堂前燕，飞入寻常百姓家。'这南飞的新燕是一幅多么美丽的图画！就像我们今天的情景：京剧一度是清末的宫廷艺术，是流行于我国北方的戏曲，但是现在已经从北方流传到南方，跨过琼州海峡，飞到海南……这又是一幅多么美妙的图画啊……"

话一说完，顿时掌声，欢呼声四起。

袁鸣"口误"引起哄笑，当然先要道歉；但道歉之后并没有"服输"，而顺便立意，快速完成了新的命题构思——浓墨重彩描绘了两幅画面：一是古诗之画，意在赞美老教授名字寓有诗意；一是现实之画，扣住京剧历史的话题，紧密联系"狮子楼京剧剧团"的成立庆典的现场语境，天衣无缝，显示了一个主持人临场发挥的功力。

3. 移植法

就是把错话移植到他人头上。如说："这是某些人的观点，我认为正确的说法应该是……"这就把自己已出口的某句错误纠正过来了。对方虽有某种感觉，但是无法认定是你说错了。

赵峰是上海人，就读于复旦大学，本科毕业直升读硕士，硕士毕业以后找到了一个很不错的工作。一次，赵峰和小刘一起去吃饭，席间说到上海的交通问题，在上海土生土长的赵峰顺口发表评论："上海这几年交通恶化实在是因为外地来的大学生太多，都说应该好好严格户口制度，二三流大学的家伙就不要再给他们机会了。"说完之后，他立刻意识到，小刘

本人就是二流学校毕业，从四川到上海来发展的，于是他连忙补救道："当然，这是少数人的说法，这种说法太片面了，任何学校都有优秀的毕业生，而上海市的建设与发展，也离不开在上海的各地的人共同努力。"

4.转移法

巧妙地转移话题和分散别人的注意力。说错了话，要学会巧妙地转移话题，化解尴尬场面。比如用幽默或玩笑的方式转移目标，把紧张的话题变成轻松的玩笑等，也可以巧妙地运用"挪移"手法，把别人的注意力吸引到其他方面。

在社交中，发生口误在所难免，此时不管你是一味发窘还是拼命掩饰，都会使事情更为糟糕。这时候要稳住心神，以上面4个小技巧为基点，积极寻找适当的补救方法。这关键是要看一个人的应变能力，应变能力反映一个人的机智和修养。当然，应变能力是以人生经验为基础的，只有多次实践，并总结经验，才能变得聪明老练。

让取笑者自取其辱

在生活中，我们会遇到一些自高自大者的讥笑和嘲讽，为了捍卫我们自己的尊严，我们就要采取一定的应对措施对其进行反驳，让取笑者折服，不敢再小瞧自己。而正确的方法，不仅能够化解自己的尴尬，还会让一心想看我们笑话的人处于窘迫的境地中，自食其果，自取其辱。

有一个农民大爷骑着毛驴进城赶集。路边的西瓜摊上有一个年轻人正在吃西瓜，那位年轻人见了他大声地招呼说："喂，天气这么热，你干脆停下来休息一会，过来吃块西瓜吧，我请客！"大爷不认识这个年轻人，听他这么一说，就客气地回答说："谢谢你的好意了，我还要忙着赶路呢，西瓜就不吃了。"谁知那个年轻人却斜着眼，怪腔怪调地说："哎哟喂，老爷子，我是在问驴呢，你搭的哪门子腔？"大爷一听，非常气愤。他跳下驴，照准驴脸就左右开工，"啪啪"地打了几巴掌，边打边骂："你这头爱撒谎的驴，出门的时候我问你城里有男朋友吗，你说没有。你没有男朋友，人家为什么会请你吃西瓜？"那个年轻人听了，脸上挂不住，只好灰溜溜地逃跑了。

那个小伙子本来是想用驴来取笑一下大爷，没想到自己却成了驴的"男朋友"，最终落了个自取其辱。

面对别人的捉弄和取笑，我们既不能默不作声，又不能因为愤怒而丧失了理智，应该选择正确得当的方法进行有力的反击。下面就是一些行之有效的几条参考方法：

1. 反唇相讥

反唇相讥绝不是简单的以牙还牙，而是在别人说出侮辱性的话语时，抓住对方的一句话或者是一个词语一个比喻的漏洞，运用对方错误的语言逻辑，将一些侮辱和讽刺性的话来反赠与他，让他推辞不得而又哑口无言，搬起石头砸自己的脚。

在一个聚会上，德国大诗人海涅遭到了一位旅行家的无理攻击和冷嘲热讽。那个旅行家说："在我旅行的时候，发现了一个小岛，却发现岛上没有犹太人和驴子！"别人听到这个笑话之后都疯狂地大笑起来，海涅却表现得十分平静，微笑着对那个旅行家说："看来，只有你和我一起去那个岛上，才能弥补这个缺陷了。"那位旅行家听了海涅的话，顿时哑口无言。

2. 扬长避短

由于别人的取笑都有一种先发制人的优势，被取笑者在一开始的时候就会处于不利的地位，在这个时候，就要充分地发挥自己的长处，去攻击对方的短处，那么就会很快地将劣势转化为优势，将被动转化为主动，也就会让取笑你的人很快地处于下风。

1984年，73岁的里根参加美国总统竞选。他的竞选对手嘲笑他老态龙钟，绝不会有大的作为。而里根却幽默地应对说："我之所以对总统大选充满信心，就是因为我的对手太年轻而没有经验。"

里根的这一巧妙反驳，将年龄大和经验多联系在了一起，从而消除了年龄大给它带来的不利局面，也就让对方的嘲讽失去了立足之地。

3. 先冒犯，再狡辩

有时候，我们会面对一些地位较高的人的捉弄与嘲笑，在两者身份地

位不相称的时候，不妨先硬碰硬一次，之后再进行一番花言巧语的辩解，做到既能维护个人的尊严，又让对方觉察出自己的错误，从而改变对你的态度。一般情况下，狡辩是比较令人反感的，这种形式也多是在不得已而为之的情况下才会采用。

颜触拜见齐宣王的时候，齐宣王为了打掉他的威风，就坐在大殿上，用倨傲嘲笑的姿态如唤宠物般的口气说："触，走过来！"

齐宣王的这种态度是十分无礼的，颜触感到十分尴尬，为了捍卫自己的尊严，他就学着齐宣王的口气说："王，走过来！"

齐宣王听了，怒不可遏，对颜触呵斥道："寡人是君，你是臣，你有资格叫我走过去吗？"

颜触辩道："说起道理来应该这样，因为我果真走去，那是仰慕王的势利，而我叫王走过来，是让王表示他趋奉贤士。如果叫我做仰慕势利的事，还不如让王做趋奉贤人的君主好啊！"齐宣王听后觉得有道理，也感觉到了自己的错误，就亲自走下殿来，邀请颜触进去。

当我们面对别人的嘲笑的时候，如果怒气冲天，不仅不利于事情的解决，反而还有可能落入别人预先设定的圈套中，也会危害到自己的形象。如果选择躲避和忍让，就会让对方觉得你是个软弱可欺的人，从而变本加厉地去嘲笑捉弄你。这个时候，你就要运用正确的语言艺术来应对，让对方自食苦果，自取其辱。

妙语应对出言不逊者

在生活中，我们难免要遇到一些没有礼貌出言不逊的人。尽管每个出言不逊的人都有着不同的性格特征，说出来的话也各有不同，但是他们却有着一个共同的地方，就是自高自大自以为是。大凡自高自大自以为是者都属于感性动物，并没有多少的知识沉淀和理性思维，这就要求我们在面对出言不逊者的时候不能因为对方几句刺耳的话就失去理智，被无尽的愤怒包围着。在这种情况下，我们应该保持清醒的头脑，用巧妙的语言对出言不逊的人做出相应的应对，做到既能维护自己的尊严，又能顺利实现个人的目的。

有一天，一个女士驾车在马路上逆向行驶，在行驶过程中和一辆私家车相撞，肇事后不仅没有向受害方道歉，反而想开车逃跑，最后被交警截获。交警对她做了酒精测试，发现她是酒后驾车，决定按照酒后驾车进行处罚。这位女士不仅不配合交警的工作，反而显得有些有恃无恐，用威胁的口吻对交警说："你们瞪大了狗眼瞧瞧我是谁！我老公是市委常委，政法委书记！你们竟然罚到我的头上来了，到时候绝对会有你们的好看！"

交警小赵不动声色，客气地问："您的丈夫是——"

"杨勇书记！"女士得意地叫嚣着，"你们的顶头上司！"

小赵并没有被她的气势吓到，反而进行了从容不迫地反击，他说："前些日子杨书记还到我们交警队来检查工作了呢，他一再强调交警要秉公执法、铁面无私，不能徇私枉法假公济私。我们每个人都牢记他的指示，现在我是在按杨书记的指示办事，作为他的家人，您更要支持我们的工作。"

女士一听，口气软了下来，但是仍然不死心，说："难道你们一点面子也不给我？"

"既然您不支持我们的工作，那么我们也只好向杨书记打电话请示了。"小赵见状就拿出了手机，准备拨打电话。那位女士一见，连忙抓住小赵的手臂，说："我认罚还不行吗？倒霉！"

我们每一个人从事着不同的职业，不同的职业决定了我们需要面对不同的人群，在工作中，每个人都难免会遇到种种出言不逊者，那么在这个时候，就要开动脑筋，用智慧的语言去进行有力的反驳。我们在反驳别人的过程中要注意从对方的语言中寻找漏洞，借助对方的话或者是理论，将对方荒谬的观点批驳得没有立足之地。

明朝嘉靖年间，海瑞在浙江省淳安县做县令。有一次，浙江总督胡宗宪的儿子来到了淳安驿站，因为嫌饭菜不好，就把接待的官员给痛打了一顿。

海瑞得知消息之后，下令将胡公子抓进县衙。胡公子仗着自己的老子是浙江总督，根本不把这位小小的七品县令放到眼里。他来到县衙，态度十分蛮横，指着海瑞的鼻子骂道："你一个小小的县令能把我怎么样？我的父亲是胡宗宪总督，只要是他老人家一声令下，别说你乌纱不保，恐怕

连小命也没有了。"

胡公子说完就用挑衅的眼光看着海瑞。他原以为海瑞听到这句话之后就能乖乖地把他放了，但是没有想到海瑞并不买账。海瑞狠狠地敲了一下惊堂木，他用非常气愤的语气说："你简直是在信口雌黄！总督胡宗宪大人一向勤政爱民，教子有方，怎么可能生出你这种大逆不道的儿子来？我看，你不过是个泼皮无赖罢了，假冒胡公子之名招摇撞骗，作恶多端！来人哪，把他拉出去，重责四十大板！"

衙役们听到海瑞发话，二话不说就把胡公子一帮人拖出去狠狠地打了一顿。海瑞又让人打开了这位恶少带来的几十个箱子，发现里面有很多金银财宝。海瑞就勃然大怒，骂道："这个恶徒真是胆大包天，竟敢冒充总督之子行骗勒索，败坏总督大人的清名。这种败坏我大明官员名声的狂徒，一定要狠狠地责罚！把他拖出去，再给我打上四十大板！"说完，不顾那个恶少的百般求饶，就派人将他拖出去又狠狠地打了一顿，最后又把他敲诈勒索来的银子一律充公。

处理完这件事情之后，海瑞就给胡宗宪写了一封信。信上说，他查出了一名冒充胡公子的狂徒，并且收缴了大量的赃物证据，维护了总督大人在老百姓心中的形象，至于那名狂徒该如何处置，还请总督大人示下。胡宗宪看了信之后，又急又气还无可奈何，只好一面表彰海瑞的秉公执法，一面要求将那个"冒充"自己儿子的家伙送到总督衙门来，由自己亲自处理。

面对出言不逊的胡公子，海瑞没有胆怯，更没有为了维护正义而冲动。他从胡公子的话语中寻找到了破绽，拒不承认他是胡宗宪的儿子，不仅维护了正义，并且也没有给胡宗宪留下什么把柄，做到了一箭双雕。

我们在生活中经常会遇到一些这样的现象，明明知道出言不逊的人的观点是错误的，但是却不知道如何去反驳它，最终给自己带来了很大的尴尬。那么，我们不妨让自己冷静下来，用机智的语言去反驳对方，那么就能够起到四两拨千斤的效果。因此，我们面对一个出言不逊大放厥词的人，万万不能因为愤怒或者是恐惧而失去了理智，意气用事，一定要保持镇静，善于抓住对方话语的漏洞去进行有力的反驳，做到维护个人人格的尊严和行动的尊严。

参考文献

[1] 宿春礼.你的口才价值百万[M].哈尔滨：黑龙江科技出版社，2007.

[2] 王牧成.幽默与口才[M].北京：中国华侨出版社，2009.